「和の暮らし」を楽しむ

旧家の歳時記366

和文化研究家・
日本検定協会
代表理事
齊木由香

主婦の友社

はじめに

はじめまして。齊木由香と申します。日本に伝わる文化やしきたり、礼儀作法を、国内、そして海外にお伝えする和文化研究家として活動しています。

今の私の礎となっているのが、明治生まれの亡き祖母の教えです。

私は鹿児島の伊佐《いさ》市に生まれ育ちました。山、川、田んぼ、畑、また山。南国・鹿児島でありながら、盆地のため、「鹿児島の北海道」と呼ばれるほど寒暖差がある土地。自然が驚くほど豊かな表情を見せてくれます。

地元の旧家出身の祖母は、土地に根差した昔ながらの日本の暮らしを、何より大切にしていました。祖父が早くに亡くなったため、家業の焼酎の酒蔵を切り盛りしながら、農業を営み、7人の子どもを育て上げた祖母。朝5時に起きて、氏神様、えびす様、田の神様にお供えをし、井戸の周りをきれいにすることから一日を始めていました。着物に着替え、家族全員の朝食を作り、日中は家業の采配のかたわら、着物の修繕や刺繡など手仕事をし、季節を調度にとり入れる「室礼《しつらい》」を整えます。家は古い日本家屋でしたが、祖母が隅々まで丁寧に掃除をしていました。趣味は庭で季節ごとに多種多様の野菜や花々を育てること。家の食卓にのぼる野菜や保存食は自家製、室礼に使う草花もすべて庭のものでした。

祖母は私たち家族に、伝統行事やしきたり、礼儀作法、季節の室礼、旬の食、そして、日本ならではの季節の移ろいを自然の中で五感で楽しむ方法を、日々の暮らしの中で一つ一つ教えてくれたのです。

私の子ども時代は、歳時記をそのまま実践するような毎日だったと思います。自然の中を駆け回り、四季折々の花が咲くのを眺め、虫と遊び、星を数え、おやつは栗やさつまいも。昭和という時代にしても、ずいぶんと素朴だったかもしれません。しかし、今思えば、この上なくぜいたくで、幸せなことだったと感じます。

そんな日本の伝統的な文化や生活の豊かさや美しさを、多くの方にお伝えしたく、この本を作りました。

日本の文化とは、季節感を大切にすることから生まれた繊細な文化です。たとえば、中国から伝わった、四季を6等分し、一年を24の季節に分けた「二十四節気」、各節気をさらに初候、次候、末候に分けた「七十二候」。その時期の自然や生き物などの様子を表した美しい名前がつけられ、今も農業などで大切な目安として使われています。

古くから伝わるしきたりは、長い年月の中で、多くの先人に磨かれながら伝えられてきたもの。旧家と呼ばれる家では、古きに学んで終わるのではなく、今なお自ら季節を感じて実践してみることを、後裔《こうえい》に大切に教えています。

私は仕事を通じ、各界のリーダーと呼ばれる方々とお会いすることも多くあります、そのような方々に共通するのは、日本独自の「和」の精神を大切にし、人を慮《おもんばか》る心を備えているということ。その根底には、子どもの頃から身につけた、万物を八百万《やおよろず》の神と捉え、すべての物事に感謝する姿勢を備えていることがあるように思います。

明治・大正・昭和を生きた祖母に教わった、人間力を養う日本文化を

暮らしの中で楽しむ方法を、今の世に合わせたアレンジをまじえながら、
お伝えできればと思います。

目次

4月 > 011

APRIL／卯月

5月 > 025

MAY／皐月

6月 > 039

JUNE／水無月

7月 > 053

JULY／文月

- 7/1 「山開きの日」に日帰りプチ登山
- 7/2 昔ながらの笠で熱中症対策
- 7/3 好きな辛さの七味を手作り
- 7/4 「半夏生」の日にタコご飯で豊作を祈る
- 7/5 お中元に涼を送る
- 7/6 笹の枝に七夕飾りを
- 7/7 天の川に技芸の上達を願う
- 7/8 訪問着の特徴と「格」を知る
- 7/9 藍染の服で夏の肌を守る
- 7/10 やかんで麦茶をいれる
- 7/11 朝顔の成長を楽しむ
- 7/12 蝉の声を聴き分ける
- 7/13 縁側から天の川を見上げる
- 7/14 早起きして蓮の開花を見に行く
- 7/15 暑中見舞いのはがきを選ぶ
- 7/16 はがきの柄に似合う切手をコーディネート
- 7/17 豆腐屋さんで豆腐を買う
- 7/18 夏の家事・育児は首元に手ぬぐいを
- 7/19 山椒で暑さを制す
- 7/20 土用は「う」がつく食べ物で精をつける
- 7/21 思い思いの海遊びを楽しむ
- 7/22 花火大会の前に打ち上げ花火の名前を覚える
- 7/23 早朝と夕方に水を打つ
- 7/24 金魚を手水鉢に
- 7/25 葦簀で日射を防ぎ室温上昇を抑制
- 7/26 蚊取り線香を風上に置く
- 7/27 冷たいそうめんにおろしたての生姜を
- 7/28 酢の和ソーダで猛暑疲れをとる
- 7/29 「飲む点滴」でエネルギー補給
- 7/30 水ようかんを手作りする
- 7/31 竹の風鈴の音色で涼む

8月 > 067

AUGUST／葉月

- 8/1 雪輪紋の菓子器と琥珀糖で涼を演出
- 8/2 ハーブ水のおしぼりですっきり
- 8/3 靴を脱ぐマナーで好印象
- 8/4 浴衣で夕暮れの散歩に
- 8/5 浴衣は所作に気配りを
- 8/6 黙禱で平和を祈る
- 8/7 ヒマワリの投げ入れで夏を味わう
- 8/8 庭ですいか割りを
- 8/9 自家製ところてんで暑さをしのぐ
- 8/10 白靴下で汗ばむ足をカバー
- 8/11 家族で団扇作りを楽しむ
- 8/12 お盆の準備を
- 8/13 迎え火を焚き精進料理でもてなす
- 8/14 形見の品で故人をしのぶ
- 8/15 盆踊りに参加してご先祖を慰める
- 8/16 花火でご先祖を送る
- 8/17 箱眼鏡で川遊び、磯遊び
- 8/18 流木アートを夏休みの思い出に
- 8/19 枝豆、とうもろこし、桜えびで夏のかき揚げ
- 8/20 旬の桃をコンポートに
- 8/21 氷を敷いた器でトマトサラダを
- 8/22 梨は冷やしてより甘く
- 8/23 お酒で大人のかき氷を
- 8/24 熱いおしぼりとお茶で夏の冷えを解消
- 8/25 アロエの葉で日焼けケア
- 8/26 盛り塩で商売繁盛、家内安全
- 8/27 台風の備えは万全に
- 8/28 着物や器の柄で秋を感じる
- 8/29 枯れたヒマワリで初秋の風情を演出
- 8/30 豚ステーキで夏の疲れを一掃
- 8/31 頭皮と髪を本つげ櫛でいたわる

9月 > 081

SEPTEMBER／長月

- 9/1 秋の実りを盛物に
- 9/2 黄金色に変わる稲穂に秋を感じる
- 9/3 亀の子束子で洗い物をエコに
- 9/4 手縫い雑巾を刺し子で可愛く
- 9/5 鰯雲に向かって深呼吸
- 9/6 キンモクセイのつぼみを探しに
- 9/7 草木に降りる露に目を留めてみる
- 9/8 重陽の節句は菊の美容水を
- 9/9 菊づくしで長寿祈願
- 9/10 あふれるほどの秋草で野趣を楽しむ
- 9/11 七輪でさんまを焼く
- 9/12 栗を蒸して自然の甘みを味わう
- 9/13 おにぎりを竹の皮で包む
- 9/14 ススキを飾ってお月見
- 9/15 新旧のお菓子でお月見を
- 9/16 敬老の日の贈り物には手紙を添えて
- 9/17 影絵遊びで童心に返る
- 9/18 毎日の水かえでコスモスを元気に
- 9/19 柿は十字に切ってへたをとる
- 9/20 原木しいたけの風味を堪能
- 9/21 正しいマナーでご飯を美しくいただく
- 9/22 ワレモコウを籠にいける
- 9/23 秋分の日にエアコン掃除を
- 9/24 秋祭りのお囃子に耳をすます
- 9/25 ひやおろしと秋の味覚で舌鼓
- 9/26 彼岸蕎麦で胃腸をいたわる
- 9/27 くるみを秋の食卓に
- 9/28 あけびを探しに秋の山へ
- 9/29 キャンプで焚き火を囲む
- 9/30 虫の冬じたくを観察する

10月 > 095

OCTOBER／神無月

- 10/1 「神無月」の始まりに出雲の神々に思いをはせる
- 10/2 俳句作りに挑戦
- 10/3 野に残る秋の花を花屏風に
- 10/4 秋の草刈りで庭をすっきりと
- 10/5 「ひっつき虫」の思い出を懐かしむ
- 10/6 シンプルな煮つけでかぼちゃを味わう
- 10/7 行楽の待ち時間は「しりとり」で盛り上がる
- 10/8 渡り鳥を秋空に探す
- 10/9 家を守る神様に感謝を
- 10/10 家族でゆったり銭湯につかりに行く
- 10/11 旬の紅玉を焼きりんごに
- 10/12 茶筒のよさを再発見
- 10/13 金継ぎでお気に入りの器を長く使う
- 10/14 さつまいもを手作りスイーツに
- 10/15 行灯ライトで秋の夜長を過ごす
- 10/16 気軽に燻製作りを
- 10/17 今だけのシシャモを堪能する
- 10/18 秋の味覚を炊き込みご飯に
- 10/19 日々近づいてくる虫の声に耳を傾ける
- 10/20 恵比寿講に商売繁盛を祈る
- 10/21 オリオン座流星群に願い事を
- 10/22 里芋の「きぬかつぎ」をおやつに
- 10/23 匂い袋をたんすに忍ばせる
- 10/24 ベストシーズンに着物デビューを
- 10/25 ほうきのおまじないで幸運を呼び込む
- 10/26 コーヒーを丁寧に淹れてみる
- 10/27 鮭ときのこで秋の副菜を
- 10/28 拾った木の実を素朴なリースに
- 10/29 色づいた落ち葉をスケッチする
- 10/30 卵かけご飯をアレンジしてみる
- 10/31 和菓子で大人のハロウィーン

11月 > 109

NOVEMBER／霜月

- 11/1 陶板に和菓子をのせ秋のおもてなし
- 11/2 現代語訳で『源氏物語』を読む
- 11/3 文化の日は着物で美術館へ
- 11/4 炉開きの季節はぜんざいを
- 11/5 生姜湿布で冷えの養生
- 11/6 ムラサキシキブを陶器の花入に
- 11/7 お火焚きで厄除け祈願の旅へ
- 11/8 サザンカの彩りを秋の街に探す
- 11/9 ラ・フランスは軸のまわりがやわらかくなると食べ頃
- 11/10 屏風を立ててお客様を迎える
- 11/11 時雨の香りを楽しむ
- 11/12 手袋とマフラーを編み始める
- 11/13 まとめ髪にかんざしをさす
- 11/14 根菜の汁物で体を温かく
- 11/15 千歳飴で七五三を懐かしむ
- 11/16 石油ストーブで煮物をことこと
- 11/17 小春日和に冬じたく
- 11/18 本物の漆の椀を買ってみる
- 11/19 旅先で古民家巡りを
- 11/20 イチョウ並木に先人を思う
- 11/21 おはじき遊びで心を養う
- 11/22 こたつでみかんをいただく
- 11/23 新嘗祭に新米を味わう
- 11/24 燗酒は温度にこだわって
- 11/25 枯れ花と枯れ葉にわびさびを感じる
- 11/26 「いい風呂の日」はクロモジを入浴剤に
- 11/27 浴室の蒸気でコートのお手入れを
- 11/28 暖簾を手作りする
- 11/29 「いい肉の日」は家族ですき焼きを囲む
- 11/30 自家製の沢庵漬けを作る

12月 > 123

DECEMBER／師走

- 12/1 お歳暮は健康を祈る思いを形に
- 12/2 鰹節を家で削る
- 12/3 鉄瓶で血流改善
- 12/4 湯たんぽで自然な眠りを
- 12/5 和ろうそくの灯りに癒やされる
- 12/6 忘年会で親睦を深める
- 12/7 お酒のつぎ方、つがれ方を知る
- 12/8 握りずしはきれいに一口で
- 12/9 風呂敷で贈り物を包む
- 12/10 大根焚きで冬の京都を味わう
- 12/11 焚き火を思いつつ焼き芋をほおばる
- 12/12 年賀状のはがきを手配する
- 12/13 年末年始のお買い物をリストアップ
- 12/14 霜柱を踏みしめる
- 12/15 雪見鍋で胃腸を整える
- 12/16 旬のぶりで年末の多忙に備える
- 12/17 「火の用心」の夜回りに参加する
- 12/18 大掃除は少しずつ
- 12/19 柚子湯のための柚子を買う
- 12/20 冬至には「ん」のつく食べ物で運を呼び込む
- 12/21 一陽来復のお守りで金運上昇を祈る
- 12/22 大人の聖樹はシンプルに
- 12/23 イルミネーションの輝きを思い出に
- 12/24 クリスマスケーキを手作りする
- 12/25 家族や友人と七面鳥を囲む
- 12/26 疲れた夜はしいたけスープを
- 12/27 しめ飾り風リースは手作りで華やかに
- 12/28 門松を立てる
- 12/29 年末の市場で食材を買う
- 12/30 餅つきで鏡餅を手作り
- 12/31 年越しそばで長寿を願う

1月 > 137

JANUARY／睦月

- 1/1 家族で初詣に／お屠蘇で邪気を払う
  おせちとお雑煮で家族の息災を願う
- 1/2 新年の運を高める室礼を
- 1/3 お年玉を渡すときのマナー
- 1/4 手土産は両手で渡す
- 1/5 訪問先には約束の時間ぴったりに
- 1/6 「寒稽古」にならい寒中ランニングへ
- 1/7 七草がゆで不調を遠ざける
- 1/8 ねぎで冬の風邪を防ぐ
- 1/9 年始の接待に花びら餅を
- 1/10 十日えびすに福笹で開運
- 1/11 餅のアレンジを工夫する
- 1/12 焼き網でパンを焼く
- 1/13 行平鍋を使いこなす
- 1/14 水仙を投げ入れで
- 1/15 どんど焼きで歳神様を天へ送る
- 1/16 芝えびをから揚げに
- 1/17 湯豆腐で出汁を味わう
- 1/18 黒豆茶で目の健康をケア
- 1/19 写経で心を整える
- 1/20 「雪見」に興じる
- 1/21 椿油で髪のお手入れ
- 1/22 寒卵で滋養を得る
- 1/23 冬の桜を見に行く
- 1/24 初地蔵の日にお参りを
- 1/25 雪の日は小さい歩幅で転倒を防ぐ
- 1/26 お酒のラベルを読む
- 1/27 お気に入りの醤油を探す
- 1/28 本みりんの風味を味わう
- 1/29 寒の水で味噌を仕込む
- 1/30 ちゃんちゃんこで真冬もぬくぬく
- 1/31 わかさぎ釣りに出かける

2月 > 153

FEBRUARY／如月

- 2/1 春近い野でフキノトウ探し
- 2/2 初午の日にいなりずしをいただく
- 2/3 「鬼は外」で心の邪気を追い出す
- 2/4 「立春大吉」で無病息災を祈る
- 2/5 春の使者メジロを招く
- 2/6 金柑酒を仕込む
- 2/7 香り豊かな生わかめを刺し身に
- 2/8 早朝の梅林で花の香りを浴びる
- 2/9 ハッカ油で花粉症対策
- 2/10 うぐいすもちを手作りで
- 2/11 あやとりで大人の脳活を
- 2/12 座布団の正しい座り方を身につける
- 2/13 春一番のニュースに耳をすます
- 2/14 バレンタインデーは女友達に贈り物を
- 2/15 喪服の基本をおさらい
- 2/16 金平糖を愛でる
- 2/17 祈年祭に豊作を祈る
- 2/18 ウグイスの声を聴き比べる
- 2/19 水栽培の球根を窓辺に
- 2/20 和菓子「下萌」から情景を想像する
- 2/21 河津桜を大胆にいける
- 2/22 おでんで地方の食文化を知る
- 2/23 「富士山の日」に地元の富士へ
- 2/24 北へ帰っていく渡り鳥を見送る
- 2/25 菜の花を室礼や食卓に
- 2/26 「春はあけぼの」を実感
- 2/27 国産のキウイで元気な春を
- 2/28 「春告魚」と呼ばれるニシンを塩焼きに
- 2/29 うるう日にはプラネタリウムへ

3月 > 167

MARCHR／弥生

- 3/1 「芽張り柳」を心待ちにする
- 3/2 グリーンピースご飯をおにぎりに
- 3/3 女友達とひな祭りパーティーを
- 3/4 よもぎの若葉を草餅に
- 3/5 懐紙をバッグに忍ばせて
- 3/6 和菓子を美しくいただく
- 3/7 春の貝を酢味噌和えに
- 3/8 国際女性デーにミモザを飾る
- 3/9 お花見の食事の予約は早めに
- 3/10 和三盆の干菓子で春を愛でる
- 3/11 桃のつぼみを愛でつつ野点で一服
- 3/12 「修二会」にならい内面を見つめる
- 3/13 「サンドイッチの日」に卵サンドを
- 3/14 ホワイトデーのお菓子は春らしいラッピングで
- 3/15 蝶を探しに散歩に出る
- 3/16 つくしの苦みを味わう
- 3/17 「ぼたもち」と「おはぎ」の違いを知る
- 3/18 彼岸入りにお墓参りへ
- 3/19 朧月夜の情緒にひたる
- 3/20 寒の戻りには春のブローチをストールに
- 3/21 春分の日は日光浴を
- 3/22 ハクモクレンとコブシを見分ける
- 3/23 スズメの夫婦の巣作りを見守る
- 3/24 お世話になったお礼に
  刺繍入りのハンカチを贈る
- 3/25 春キャベツをアンチョビソースで
- 3/26 新玉ねぎを和風マリネに
- 3/27 「利休忌」に朧饅頭を
- 3/28 厚手のニットを片づける
- 3/29 送別に手作りのアルバムを
- 3/30 「ちょっといい」ノートで新年度にのぞむ
- 3/31 カラーインクで万年筆を楽しむ

APRIL

4月

卯月［うづき］

旧暦4月に開花する卯の花にちなみ、「卯の花月」が省略されたとも、稲の苗を植える時期なので、もとは「植月《うえづき》」だったとも。平地より遅れて咲く山奥の桜から「花残月《はなのこりづき》」、養蚕で桑の葉を集めることから「木葉採月《このはとりづき》」の名も。旧暦では4月から夏が始まることから、「夏端月《なつはづき》」とも。

4/1

［四月一日］

一期一会の春の花をしつらえる

さまざまな花が咲く春。どの花もその年の天候や周辺の状況などで花の大きさや色が少しずつ違うもの。一期一会の気持ちで花との出会いを楽しみ、家の玄関やリビングに春の花を飾ります。祖母には「花の室礼《しつらい》は、季節を盛ることが何より大切」と教えられました。春の生命力を一身に受けた花を愛でる心は、自然の神仏を敬う心にも通じます。

4/2

［四月二日］

東西の桜餅を食べ比べる

日本の象徴ともいえる桜。葉を塩漬けにしたものは桜餅などに用いられます。関西ではつぶつぶとした餅米で餡を包む「道明寺《どうみょうじ》」、関東ではクレープのような皮で餡を巻く「長命寺《ちょうめいじ》」が主流。どちらも食紅でピンクに色づけされます。わが家では両方を手作りしていました。東西の桜餅を食べ比べるのも楽しいですね。

道明寺

長命寺

4/3

「田の神様」に豊作を祈る

［四月三日］

田んぼの土を耕す田起こしが始まる頃、各地で田の神様のお祭りが行われます。桜の開花は田の神様が山から下りてきたしるしともいわれます。私の故郷・鹿児島では「タノカンサア」と呼ばれる田の神様はとても身近な存在。田んぼの一角や道端にまつられていて、その一つ一つにお供えをして豊作を祈ります。都市部では身近に田の神様の像はありませんが、旬の作物をいただきながら、自然に感謝をささげます。

4/4

お重を持って春の野遊びへ

［四月四日］

日本には古くから大勢で春の野や山に出かけて食事をする風習があります。野の神にお供えをし、人と野の神の結びつきを強くするための神事が起源とも。私の実家でも春に「お山」と呼んでいた裏山に行きました。祖母と母が用意してくれた重箱を開き、山菜と春野菜の天ぷら、煮しめ、高菜おにぎりなどに歓声を上げたものです。庭先や近所の公園でも野遊びは楽しめます。お重を広げて楽しんでみては。

4/5

[四月五日]

写真館で家族写真を撮る

わが家では入学式など、家族の節目になるイベントの際、写真館で家族写真を撮影しています。写真館ではプロが家族全員の素敵な表情を引き出してくれ、家族同士で撮影する写真とは違った仕上がりになります。毎年日を決めて撮影するのもいいですね。先の世代まで、家族の歴史を物語ってくれることでしょう。

4/6

[四月六日]

「和風月名《わふうげつめい》」を調べてみる

旧暦では、「和風月名」と呼ばれる和風の月の名前が用いられていました。たとえば4月は「卯月《うづき》」。旧暦の4月が卯の花の開花期だったことに由来しています。太陽暦を使う現在は、月名と季節に1～2カ月のずれが生じていることも。卯の花も今の暦では5～6月の花ですね。このほか、月の呼称には異名も多くあり、この本の各月の扉のページでご紹介しています。由来を調べてみると、伝統行事についての知識が身につき、日本らしい自然に対する感受性も磨かれるように思います。

4/7 ［四月七日］ツバメの巣作りを見守る

4月5日から9日頃までは、七十二候の「玄鳥至《つばめきたる》」にあたります。日本ではツバメは縁起のよい鳥として大切にされ、軒下などにツバメが巣を作る家は繁栄するという言い伝えも。私の実家でもツバメが毎年のように玄関の軒などに巣を作り、掃除は大変でしたが、ひなが成長していくのを家族で見守りました。

4/8 ［四月八日］お釈迦《しゃか》様の誕生を祝いに花祭りへ

この日は約2500年前のインドでお釈迦様が生まれた日とされ、寺院では誕生を祝う「仏生会《ぶっしょうえ》」あるいは「灌仏会《かんぶつえ》」とも呼ばれる行事が行われます。お釈迦様が生まれたときに9頭の竜が天から下り、産湯として不老不死の水「甘露《かんろ》」を注いだという伝説にちなみ、参拝者は生まれたばかりのお釈迦様を表す仏像「誕生仏《たんじょうぶつ》」に甘茶を注ぎます。誕生仏を安置するお堂を花で飾ることから「花祭り」という通称も。春の花に彩られた素朴ながら華やかなお祭りへ、お釈迦様の誕生を祝いに出かけましょう。

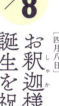

4/9

身近な草花で遊ぶ

［四月九日］

昭和の子どもは身近な草花でさまざまな遊びを楽しんでいました。春の庭では、祖母に教わり、オオバコやエノコログサを使った草相撲で遊んだものです。カラスノエンドウの草笛、シロツメクサの指輪や花冠、笹舟など、大人には懐かしく、子どもには新鮮な草花遊びで、コミュニケーションを深めてみては。

4/10

次の季節を思い季節を先取りする

［四月十日］

日本では季節感を重んじることから、まもなく訪れる季節を衣類や器の柄などで表現します。茶道でも少しだけ季節を先取りすることが一般的。亭主と客は次の季節の予感を分かち合い、心を通わせる時間を楽しみます。たとえば、桜が満開を過ぎ、花が散りつつあるこの時期なら、着物や帯の柄は葉桜、散り終わったら牡丹などがふさわしいとされます。ただし、季節の先取りの習慣がない外国からのお客様に対しては、季節そのままの、桜の時期なら桜の柄のほうが、歓迎の気持ちが伝わりやすいように思います。

4/11

口・耳・手で人名を覚える

［四月十一日］

お会いした方の氏名はその場で覚えたいので、名刺交換が済んだら「○○さんはどう思われますか」「○○さんはいかがですか」など、何度も口に出し、耳で覚えることを心がけています。名刺をいただいていない場合は氏名の漢字を尋ね、後で手帳に記録を。お名前を覚えておくと、偶然の再会にも軽やかにご挨拶できます。

4/12

お辞儀の正しいマナーを知る

［四月十二日］

立った状態で相手に頭を下げる日本のお辞儀は、奈良時代以前に中国からもたらされたといいます。現在では主に「会釈」「敬礼」「最敬礼」という3種類の角度の異なるお辞儀が用いられています。日常的な軽い挨拶のための会釈の角度は15度、お客様を送迎する際にふさわしい敬礼は30度、お詫びのときなどの最敬礼は45度。首だけを下げるのではなく、背筋を伸ばしたまま体を傾け、手は伸ばした指先をやや内側に向け、太ももの前側に置きましょう。

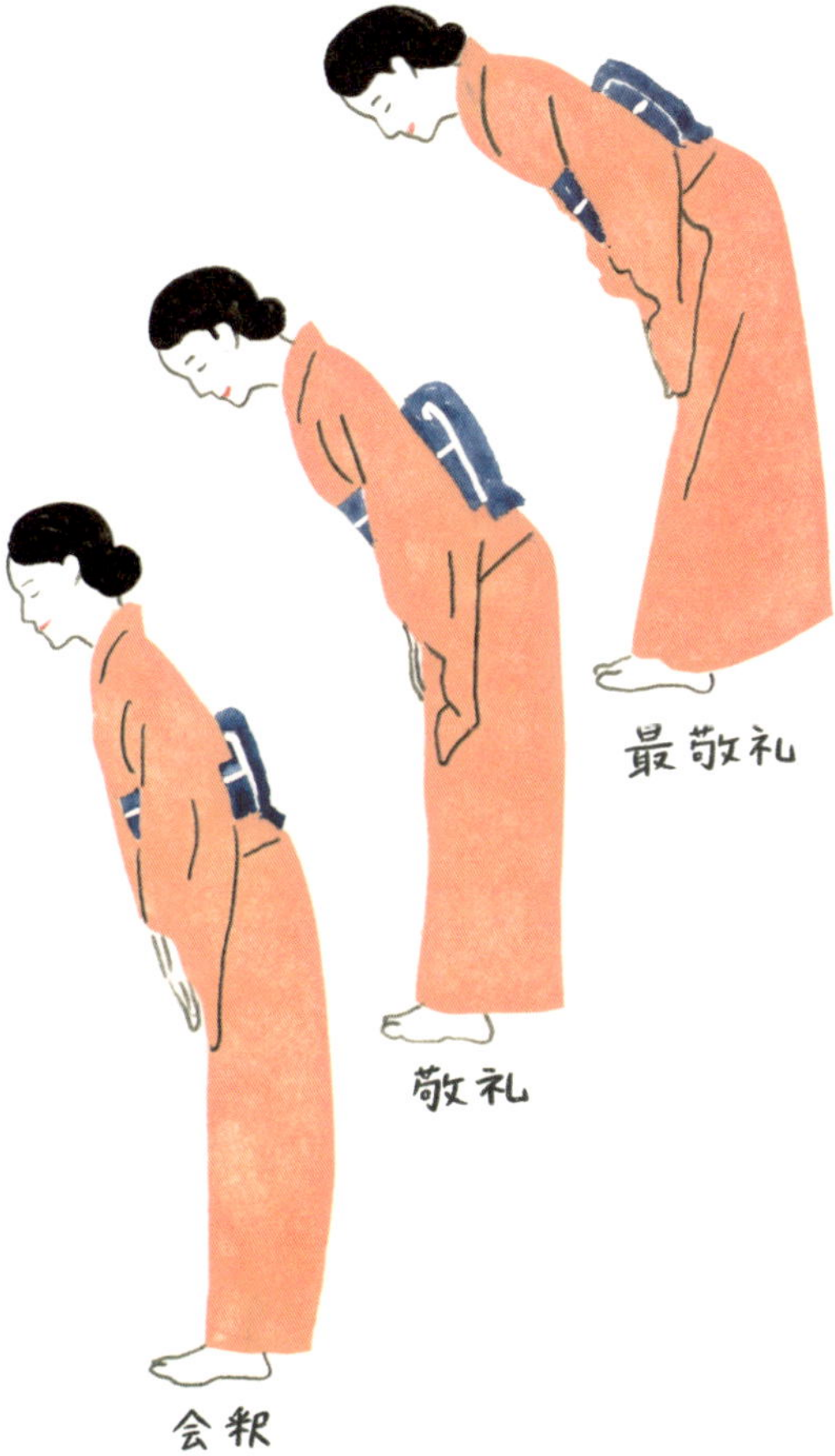

4/13

のし袋を使い分ける

［四月十三日］

のし袋には水引がつきものですが、その結び方で用途が分かれます。蝶結びは、結び直しが簡単なことから、出産祝い、合格祝いなど、何度あってもめでたい祝い事に。結び切りやあわじ結びは、快気祝いや結婚祝いのような1回限りであってほしいお祝い事に用います。贈答品ののし紙も同様です。

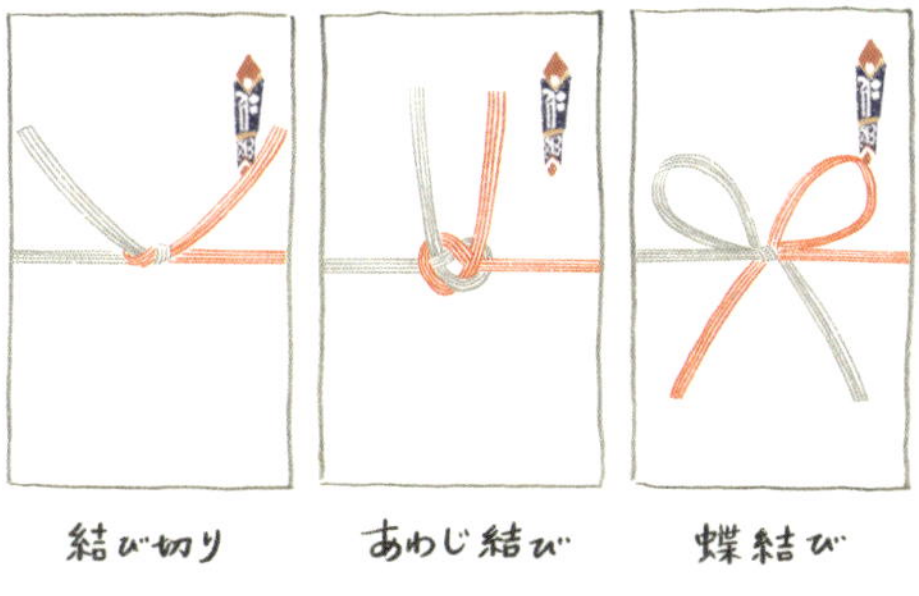

4/14

[四月十四日]

藤の花の下で おやつの時間

紫色の花の房が揺れる藤の美しさは、古くから日本で愛されています。私の実家にも樹齢100年以上の藤棚があり、その下に椅子とテーブルを置き、藤見を楽しみました。藤棚のある茶店などへ出かけたいものですが、柱などにつるす掛け花入れに藤の花を房が垂れるようにさして、自宅で手軽な藤見を楽しむのも素敵です。ぜひお団子と抹茶をお供に。

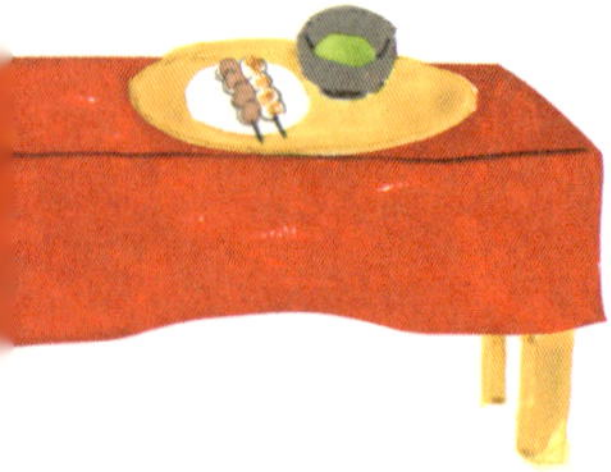

4/15

[四月十五日]

雨上がりに「初虹」を探す

4月15日から19日頃は七十二候の「虹《にじ》始《はじめて》見《あらわる》」。虹は太陽光が空気中の水蒸気にぶつかり、屈折することで生まれます。そのため空気の乾燥する冬よりも、湿度の高い春から夏にかけてのほうが、虹が出る回数は多い傾向が。雨上がりの空に、虹を探してみましょう。

4/16

[四月十六日]

蜃気楼に遠い街を思う

私の地元ではこの時期、小高い場所にある実家から、ときどき蜃気楼が見えました。蜃気楼とは、温度の異なる空気の層の境目で光が屈折し、離れた場所の景色が実際とは違う形で見える現象。古代中国では、蜃《しん》という霊獣が吐く気によって生じる幻だとされ、この名前になったとか。蜃気楼が実際の景色の下に見える「下位蜃気楼」は冬に街でも見られますが、実際の景色の上に見える幻想的な「上位蜃気楼」は春から夏のもの。春の季語にもなっている「蜃気楼」、見物の旅に出るのもいいですね。

4/17

［四月十七日］

荒神《こうじん》ぼうきで春埃《はるぼこり》対策を

舗装道路が少なかった時代、春は土埃の季節でした。春の季語に「春埃」「春塵《しゅんじん》」があるのはそのためです。この季節、家具やサッシにいつのまにか埃が溜まっているもの。荒神ぼうきとも呼ばれる、小さなほうきでまめに掃除を。古くはかまどの掃除に用いられ、台所の神である荒神様にちなんだ名前をもつ、細かな場所の掃除に適した日本の優秀な道具です。

4/18

［四月十八日］

「お香の日」に香りで心を清める

この日はお香の団体が定めた「お香の日」。由来は『日本書紀』に推古《すいこ》天皇3（595）年4月に香木が淡路島《あわじしま》に漂着したと記されていることと、「香」の字は「一・十・八・日」に分解できることだとか。仏教では香木は祈りの空間を清めるために用いられるものとされます。仏壇やお墓でお線香を焚くのも、香りで空間や人の心などを清めるため。現代の多忙な生活の中でも、お気に入りの香木やお線香を焚いて、静かに心を清める時間をもちたいですね。

4/19 ［四月十九日］

「穀雨《こくう》」に苗の成長を祈る

二十四節気では4月下旬から5月上旬は「穀雨」です。米どころでは田植えに向けて、苗を育てている時期にあたります。

現在の米作りでは、育苗箱に種をまき、ビニールトンネルやビニールハウスで苗を育てますが、甘やかしすぎも禁物で、気候を見ながら途中で覆いをとります。米作りでは「苗半作《なえはんさく》」といい、苗作りでその年の作柄が半分決まるとも。農家の方のこまやかな手入れの労を思いながら、稲の健やかな成長を祈りましょう。

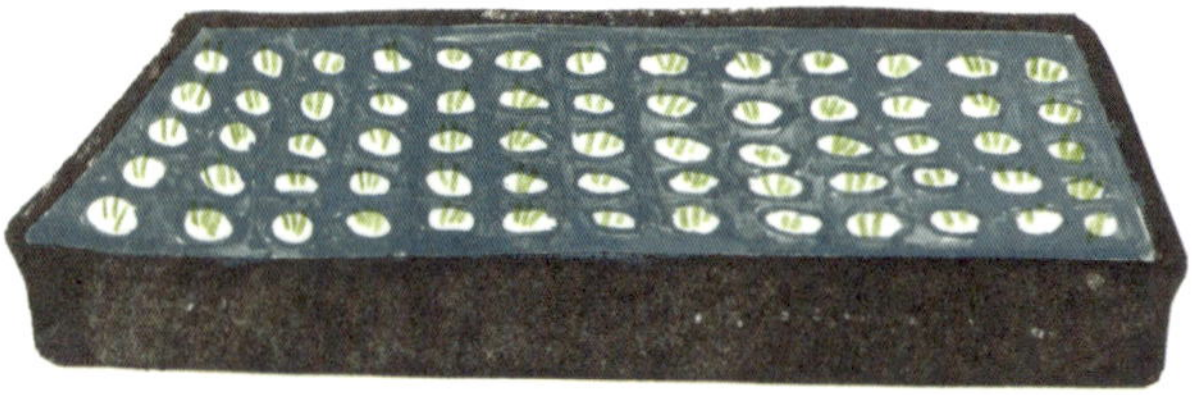

4/20 ［四月二十日］

水辺の草木の芽吹きを見守る

葦《あし》は日本では古代から身近な植物で、家の屋根の素材にしたり、編んで生活用品を作ったり多方面で活用していました。「アシ」は「悪し」に通じるため、平安時代頃から「ヨシ」とも呼ばれるように。葦が水辺から新芽を出すという意味で、七十二候では4月20日から24日頃を「葭始生《あしはじめてしょうず》」といいます。先端が角のような新芽は今後ぐんぐん育ち、夏までに2〜3メートルの高さに。日々の草木の成長に注目したい季節です。

4/21

［四月二十一日］

新鮮なほたるいかを選ぶ

この時期、富山湾に押し寄せたほたるいかが神秘的な青い光を放つ様子を、テレビなどで見かけます。富山では生でいただけるそうですが、産地以外ではボイルされたものが一般的ですね。身がパンパンで色が濃くてツヤがあり、足がくるっと丸まっているものが新鮮といいます。鮮度が味の決め手ともいうので、じっくりチェックしましょう。

4/22

［四月二十二日］

卵焼き器を使い卵をきれいに焼く

卵焼きをきれいに焼くポイントの一つが、卵焼き器を使うこと。和食のプロの多くが用いる銅製の卵焼き器は、熱伝導率にすぐれ、ふんわり仕上がります。こんがりとした焼き色の卵焼きが好きなら鉄製がおすすめです。もう一つのポイントは一気に焼こうとしないで、少しずつ焼くこと。卵液を注ぐ前には毎回キッチンペーパーで油を塗り、箸で丸めるときは奥から手前に巻きます。卵焼きはシンプルなだけに、丁寧さが仕上がりに直結します。

4/23

［四月二十三日］

新ごぼうを上品なすまし汁に

今の時期に出回っている新ごぼうは、早採りのごぼうなので、皮がやわらかく、水分が豊富です。えぐみは少ないので、すまし汁など、あっさりとした上品な味つけの料理にしてもおいしくいただけます。意外と乾燥に弱いので、泥つきのごぼうはそのまま新聞紙で包んでポリ袋に入れ、冷蔵庫の野菜室で保存を。

4/24

［四月二十四日］

「変わり稲荷ずし」を作る

この時期は各地の稲荷社で稲荷祭が行われます。稲荷祭にちなんで、お稲荷さんパーティーはいかがでしょう。イクラや鮭やゆでえび、錦糸卵、オクラやでんぶなどをのせれば華やか。ご飯に生姜やごま、わさびをまぜたり、油揚げを黒糖でこっくりと煮たりすれば大人も大満足。

4/25

［四月二十五日］

アウトドアに「ござ」を活用する

イグサで織られたござは、畳を保護する上敷きや和風のラグとして使用されることが多いですが、アウトドアの敷物にもおすすめです。一般的なレジャーシートよりもクッション性があり、さらっとした感触が心地よく、直接ごろ寝をしても快適です。使用後は砂などをほうきで落とし、陰干しをしてカビの予防を。

4/26

［四月二十六日］

春の草花を押し花のしおりに

子どもの頃、草花を新聞紙とティッシュに挟んで厚い本をのせ、押し花を作ったことはありませんか。今は電子レンジで一気にたくさん作る方法や、アイロンを使って短時間で作る方法も。押し花しおり用のキットなど便利なアイテムもいろいろ販売されていて、大人も夢中になってしまいます。

4/27

［四月二十七日］

野山で摘んだ山菜を天ぷらに

さまざまな山菜が旬を迎えています。山菜採りの名人でもあった祖母は、「山菜はまた来年生えるように採るものだよ」と、たらの芽は一番芽だけ、わらびはやわらかいものだけ採ると教えてくれました。「食べる分だけ採る」というのも、祖母の大切な教えです。採取した山菜は天ぷらに。山菜らしい苦みと爽やかな香りを味わうと、自然への感謝で心が満たされます。

4/28

［四月二十八日］

和の柑橘をサラダに

4月は甘夏、はっさく、せとか、文旦、清見タンゴールなどが果物店に並びます。これらの柑橘をほたてやえび、生ハム、蒸し鶏など、冷蔵庫の食材とサラダにすると、見た目もおしゃれな一品に。粒こしょうやクローブなどのスパイスを効かせ、お酒のつまみにも。

4/29

［四月二十九日］

「枯山水」を鑑賞する

枯山水とは、石や岩、白砂などで「山水」と呼ばれる山や川の景観を表現する庭園です。枯山水は平安時代に始まり、鎌倉時代以降は禅とともに発展し、侘び寂びの感性を養いました。枯山水の庭で想像力を遊ばせ、心を日常の雑事から解き放つのも、有意義な休日の過ごし方ですね。

4/30

［四月三十日］

潮干狩りで春の貝を堪能する

引き潮の浜で、熊手などを使って貝を掘り出す潮干狩りは、ゴールデンウイークのレジャーの代表格。初めてでも見つけやすいのは、呼吸のための小さな穴が目印になるあさりや大きなはまぐり。持ち帰るときは真水で洗ってクーラーボックスに。家で砂出しをした後は、酒蒸しやパスタ、味噌汁などで味わいましょう。

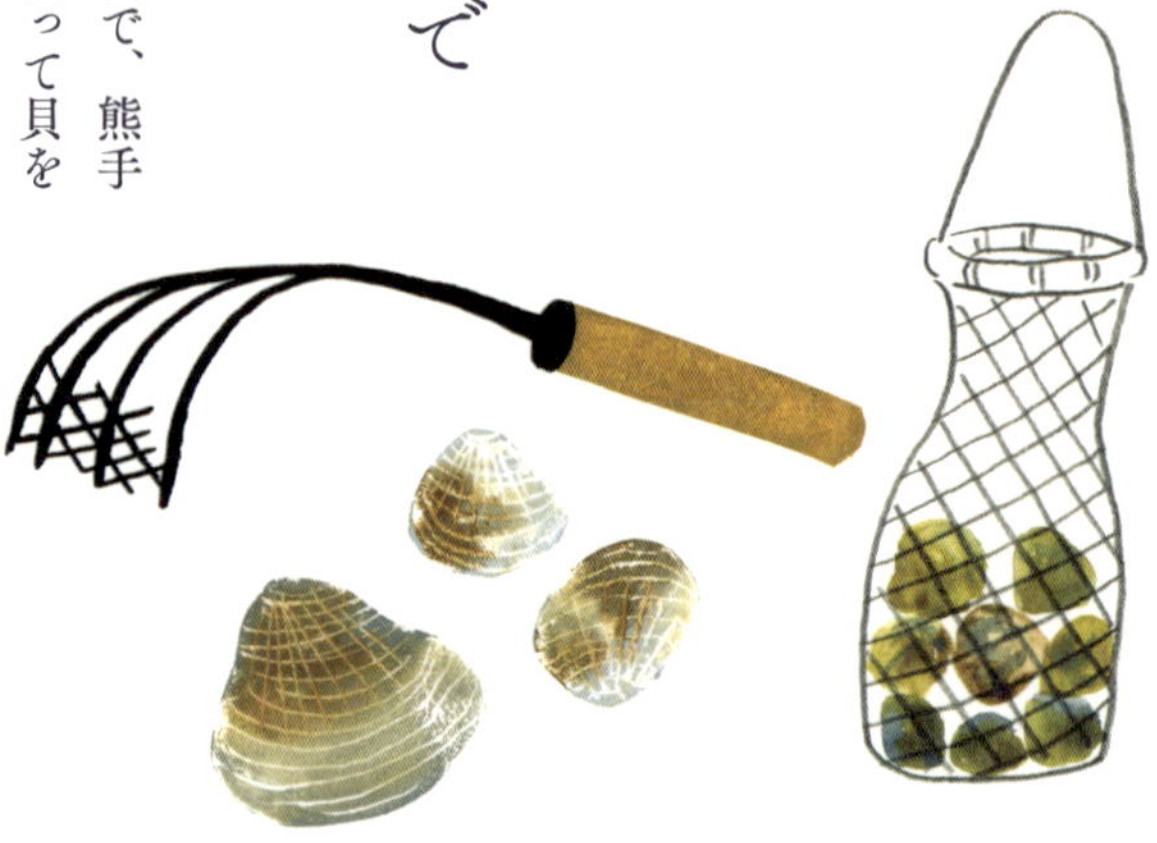

MAY

5月

皐月

［さつき］

「さつき」の漢字は「五月」「早月」とも。語源は、古くは旧暦5月に田植えが行われたことから「早《さ》苗月《なえづき》」の省略、という説が有力です。端午の節句の月の意で、「午《ご》月《げつ》」とも。旧暦では梅雨の時期にあたるため「五月雨月《さみだれづき》」「月不見月《つきみずづき》」の名も。田の雑草が増えることから「田《た》草月《ぐさづき》」、タチバナの花期から「橘《たちばな》月《づき》」、長雨の間に梅が熟すことから「梅色月《うめのいろづき》」とも。

5/1

［五月一日］

空に泳ぐ鯉のぼりを眺める

端午の節句が近づき、あちこちで鯉のぼりが泳ぎます。鯉のぼりの始まりは江戸時代。武家が端午の節句に旗指物《はたさしもの》や幟《のぼり》を飾るのをまねて、町人が滝を登って竜になるとされる鯉の形の幟を飾るようになったといいます。地域によって特色があり、私の故郷、鹿児島では鯉のぼりと男児の名前の入った幟を立てますが、たくさんの鯉のぼりを谷に渡す地域なども。旅先で地域色あふれる鯉のぼりを探すのも楽しい時期です。

5/2

［五月二日］

八十八夜の新茶は甘みと旨みを味わう

立春から数えて88日目にあたる「八十八夜」は、気候が安定する時期とされ、田植えや茶摘みなどを始める目安にされてきました。末広がりでおめでたい数とされる八を重ねる八十八夜に摘み取ったお茶は、無病息災や不老長寿の縁起物とされます。やや低めの温度でじっくり抽出し、甘みや旨みを味わいます。

5/3

[五月三日]

子どもの成長を祈って張り子の虎を飾る

かつて全国で盛んに作られた張り子の人形。竹や粘土で動物などをかたどり、紙を貼って色を塗った、素朴さが愛らしい郷土人形です。干支の張り子は今でも正月飾りの定番ですね。虎の張り子は、子どもの健康と将来の出世を祈って端午の節句にも飾られます。

5/4

[五月四日]

早乙女《さおとめ》の禊《みそぎ》にならい菖蒲《しょうぶ》湯に

古来、田植えは主に女性の仕事でした。田植えをする女性は早乙女といい、田植えを始める前に、早乙女たちが女性だけで家にこもり、禊をする習わしが各地にありました。私の子どもの頃は地元でもまだ行われていて、女性たちが集まってごちそうを食べ、菖蒲湯で身を清めていました。祖母が「田植えの前に家事を休んで体調を整えているんだよ」と教えてくれたのを思い出します。

[五月五日]

端午の節句は清々しい室礼を

中国では5月の最初の午《うま》の日、「端午」に邪気を払うため、蘭の葉を浮かべた湯につかる、菖蒲を刻んで入れた酒を飲むなど、爽やかな香りの薬草を活用したといいます。日本でも奈良時代から5月5日には薬草を摘み、宮中では菖蒲で作る「あやめの蘰《かずら》」という頭飾りで邪気を払いました。平安時代には宮廷で端午の節句の行事が盛んになり、室内に薬玉《くすだま》を掛け、屋根に菖蒲とヨモギを飾るように。菖蒲は「尚武」に通じるため、武家社会で端午の節句は男児の誕生を祝い成長を祈る行事に発展。そんな歴史を背景に、端午の節句の室礼では菖蒲の爽やかな香りで邪気を払います。

5/6

立夏は蛙《かえる》の声に耳を傾けて

［五月六日］

二十四節気の「立夏」は七十二候の「蛙始鳴《かわずはじめてなく》」にあたります。「蛙が鳴くと雨が降る」といわれますが、雨蛙は実際に気圧や湿度の変化を皮膚で感じて鳴くことがあるとか。蛙の声に耳を傾け明日の天気を予想しています。

5/7

柏の葉で手作り柏餅

［五月七日］

柏は新芽が出るまで古い枯葉をつけていることから、柏餅は端午の節句に子孫繁栄を祈る縁起物となりました。家の柏の木の葉で柏餅を作る場合は、葉を鍋で煮て灰汁《あく》抜きをしてから使いましょう。市販の柏の葉の塩漬けや乾燥葉もあり、都会でも手作りを楽しめますよ。

5/8

訶梨勒《かりろく》を飾る

［五月八日］

平安時代、端午の節句には香料を入れた錦の袋に菖蒲などをあしらい、五色の糸を垂らした薬玉を飾って厄除けとしました。茶道では、これに似たもので、お釈迦様の腹痛を治したとされる訶梨勒の実を模した邪気払いの匂い袋を掛けることも。現代的なデザインの訶梨勒も売られていて、玄関の飾りにもおすすめです。

5/9

香味野菜の盛物を虫除けに

［五月九日］

5月は虫も活発になる時期。害虫除けに香りの強い野菜、たとえば長ねぎ、玉ねぎ、生姜、苦うり、山椒の葉などを盛物に。柑橘類や紫玉ねぎを加えるとカラフルです。

5/10

［五月十日］

五月晴れの朝のラジオ体操で心身すっきり

旧暦の5月は梅雨なので、本来「5月晴れ」は梅雨の晴れ間を意味しますが、新暦になって5月の爽やかな晴れの日という意味が加わりました。よく晴れた5月の朝はラジオ体操にチャレンジを。澄んだ青空の下、軽く全身を動かすと心まですっきりします。

5/11

［五月十一日］

表情の愛らしい若鮎に清流を想う

和菓子屋さんに鮎の形をした焼き菓子が並び始める時期です。「若鮎」「登り鮎」などの名で売られる鮎の菓子は、長良川《ながらがわ》の流れる岐阜で考案されたとも。焼き印でつくられる顔の表情も可愛らしく、清流に遊ぶ鮎を思わせます。

5/12

［五月十二日］

胡麻豆腐をスイーツに

5月12日は語呂合わせで「永《えい》平寺《へいじ》胡麻豆腐の日」に。福井県の永平寺は、曹洞《そうとう》宗の禅の修行の場として知られています。永平寺門前の名物でもある胡麻豆腐は、冷やして黒蜜をかければおやつに。ガラスの器が似合います。

5/13

［五月十三日］

竹酔日《ちくすいじつ》に竹林の木漏れ日を浴びる

旧暦5月13日を「竹酔日」といい、この日は竹が酔っていて植えかえても枯れないとされます。中国伝来の俗説ですが、「竹植《う》う」はこの時期の季語にも。竹は成長のスピード以外にも謎が多く、神秘的な植物です。竹林の木漏れ日を浴びると、その神秘の力に癒やされる思いがします。

5/14

［五月十四日］

和の竹籠に花や果物を

竹が豊富な日本では物の運搬、収納、水きり、魚の捕獲など、生活のさまざまな場面で竹籠が活躍してきました。しっかりと編まれた竹籠は世代を超えて使うことができ、使い込んだときの風合いも魅力。家に使っていない昔の買い物籠や収穫用の竹籠があれば、家族の歴史を思いながら、花器や盛物の器として活用してみては。

5/15

室礼で京都の葵祭《あおいまつり》に思いをはせる

［五月十五日］

京都の上賀茂《かみがも》神社・下鴨《しもがも》神社で5月に行われる葵祭は、約１４００年前に豊作祈願の祭りとして始まりました。平安時代には国家的な祭りとなり、「祭り」といえば葵祭を意味するほどの存在に。現在15日に行われる「路頭の儀」では天皇の使者である勅使の道中を再現し、平安貴族の装束をまとった人々の行列が圧巻です。私もその日は参列者が身につける葵の葉を玄関に飾ったり、葵の文様の器を使ったりして、葵祭の気分を楽しんでいます。

5/16

植物の名前を愛でる

［五月十六日］

植物の和名には、音と漢字の組み合わせで植物の個性を表しているものがあります。小手《こで》毬《まり》、釣鐘草《つりがねそう》、姫百合《ひめゆり》、向日葵《ひまわり》などは花のイメージにぴったり。順徳《じゅんとく》天皇の島流し中の逸話に由来する都忘《みやこわすれ》のように歴史を背負った名前もあり、名前を知るほど身近な植物への興味が深まります。

5/17

魚屋さんで旬の魚の調理法を聞く

［五月十七日］

なじみの鮮魚店があると、旬の魚の調理法を気軽に質問でき、とても頼りになります。私が子どもの頃、地元では魚屋さんが魚を売りに家々を1軒ずつ巡り歩き、おすすめを選んでくれました。そんな思い出もあり、魚屋さんで旬の魚の話を聞くのはいつも楽しみです。

5/18

文箱に文具を整理する

［五月十八日］

文箱は手紙などを入れるための箱のこと。「ふばこ」または「ふみばこ」と読みます。小学生のお道具箱のようなサイズが多く、文房具入れや小物入れとしても便利です。昔の文箱が家に使われないで残っていたら、ぜひ現代のアイディアで活用を。

5/19

アスパラガスは立てて保存

［五月十九日］

今が旬のアスパラガスは、寝かせて保存すると穂先を起こそうとして養分を使ってしまうといいます。湿らせたキッチンペーパーを入れた瓶などに立てるか、湿らせたキッチンペーパーで包んでからラップで包み、冷蔵室に立てて保存を。

5/20

薄味で野菜の滋味を味わう

[五月二十日]

今が旬のアスパラガス、トマト、じゃがいもをはじめ、野菜には旨み成分のグルタミン酸を多く含むものがあります。新鮮で元気な野菜を使えば、市販の「野菜だし」を使わなくても野菜本来の旨みを感じられるでしょう。旨みがしっかり出ていれば、塩は少量で大丈夫です。

5/21

小満《しょうまん》の庭仕事の差し入れにおにぎりを

[五月二十一日]

二十四節気では立夏から15日目を「小満」といい、万物の生命力が満ちる時期とされます。畑では野菜が元気に育ち、収穫の近い麦畑では穂が黄色く色づき、農作業は大忙し。この時期、祖母は田畑の世話をお願いしている方々に、よくおにぎりとお茶を差し入れしていたものです。庭仕事や畑仕事が増えるこの時期、作業をする家族への差し入れがてら、青空の下でおにぎりを味わっては。

5/22

[五月二十二日]

露地栽培のイチゴに牛乳と砂糖をかけて

露地栽培のイチゴが収穫期を迎えています。実家では畑で摘んだイチゴを井戸水で洗い、牛乳と砂糖をかけてつぶし、ピンク色を楽しみながらいただきました。イチゴをつぶすための専用スプーンも、懐かしいですね。

5/23

[五月二十三日]

和菓子は抹茶をいただく前に

行楽地の茶店で抹茶と和菓子を注文すると、お盆で同時に運ばれてくる場合も。茶席同様、お菓子を食べ終わってから抹茶を。祖母には「抹茶は胃への刺激が強いので、この順番のほうが体にやさしいよ」と教わりました。

5/24

[五月二十四日]

新鮮な魚のすり身を伊達巻に

戦国武将、伊達政宗《だてまさむね》の命日（旧暦）です。政宗の好物がヒラメのすり身に卵をまぜて焼いた卵焼きだったため、伊達巻の名が生まれたという説があります。新鮮な魚が豊富な九州でも伊達巻は人気の料理です。実家では正月以外にも遠足や運動会のお弁当には、みりんやはちみつを入れて甘くふっくらと焼き上げた伊達巻が入っていました。

5/25

「こんにちは」にもう一言添える

［五月二十五日］

ご近所や職場での挨拶は「こんにちは」だけになりがち。余裕があれば「暑くなってきましたね」「雨が続いて大変ですね」といった、何げない一言をプラスすると、お互いの距離感が縮まります。

5/26

新じゃがのみずみずしさを料理に活かす

［五月二十六日］

この時期、鹿児島産や長崎産など九州産の新じゃがが市場に出回っています。通常のじゃがいものように貯蔵と熟成の期間を経ずに、収穫後すぐ出荷されるため、皮が薄く、水分が多くてみずみずしい新じゃがは、皮ごと揚げたり、炒め煮にしたりするのに最適です。水分量が多いので常温保存は1～2週間を目安に。

5/27

紅花のお茶で血行改善

［五月二十七日］

七十二候の「紅花栄《べにばなさかう》」の時期です。飛鳥時代に日本に渡来したとされる紅花は、漢方薬、染料などに古くから用いられてきました。茎の先端につく花を摘み取ることから、別名は「末摘花《すえつむはな》」。花は食用も可能で、乾燥させた花弁は「サフラワーティー」に。甘みがあって飲みやすく、血の巡りをよくするといわれます。

5/28

笹の葉でいつもの料理を初夏らしく

［五月二十八日］

この時期は、祖母がよく道明寺生地にこしあんを入れた餅を笹の葉でくるんだお菓子を、よく作ってくれました。笹の葉を料理の盛りつけや飾りつけに使うと、漬け物の盛り合わせのような簡単なものも、美しく初夏らしい印象に。抗菌作用があり、丈夫なので、お弁当の仕切りにもぴったりです。生の笹の葉は冷凍保存もできます。

5/29

素足に下駄で初夏を感じる

［五月二十九日］

この時期に素足で桐の下駄を履くと、足元がさっぱりとして爽やかな気分になれます。全体に高さがあるぶん、雨の日に足が汚れにくいというメリットも。鼻緒をすげかえることで長く使えるのも日本の知恵といえるでしょう。改まった場には向かない履物ですが、カジュアルなお出かけなら紬《つむぎ》の着物に足袋と下駄を合わせるのもおしゃれです。

アヤメ

5/30

［五月三十日］

晴れた日に梅雨支度を

気温が25度以上、湿度が70%以上の日が多い6～7月は最もカビが増えやすくなる時期です。梅雨入り前の今、晴れた日にはカビ対策をしっかりとしておきましょう。ほこりのたまりやすい場所は丁寧に掃除を。竹炭や木炭には湿気やにおいを吸収する性質があり、籠に入れてインテリアのように部屋に置いておくだけで調湿・防臭に役立ちます。

5/31

［五月三十一日］

アヤメとカキツバタの見分け方

アヤメとカキツバタはよく似ています。見分け方の一つは咲く場所。アヤメは野に、カキツバタは水辺に生えます。花に黄と紫の網目模様があるのがアヤメ、白い筋があるのがカキツバタ。どちらも美しく優劣をつけにくいことから「いずれアヤメかカキツバタ」という慣用句も。もう一つ似ている花にハナショウブがありますが、こちらは湿地を好み、葉脈が目立つのが特徴です。

カキツバタ

JUNE

6月

水無月

［みなづき・みなつき］

旧暦6月は真夏にあたり、「水無月」の語源は暑さで水が涸《か》れることに由来するという説がある一方、「な」は本来「の」の意味で、田に水を引く「水の月」という説も。青葉の繁る時期であることから「青水無《あおみな》月《づき》」の名も。そのほか、暑さをしのぐ風を待つ意で「風待月《かぜまちづき》」、雷が多いことから「鳴神月《なるかみづき》」、立葵の花にちなみ「葵月《あおいづき》」とも。

6/1 ［六月一日］

梅雨入り前に虫干しを

昭和の時代、学校や職場ではこの日に衣がえが行われました。着物で生活していた祖母は、6月に入ると夏用の単衣《ひとえ》の着物に。それまで着ていた裏地のある袷《あわせ》の着物は、片づける前に虫干し。着物の虫食いを予防するには、片づける前に陰干しをして湿気をとることがとても大切です。

6/2 ［六月二日］

大切な傘はまめにケア

お気に入りの傘を長もちさせるコツは、帰宅後は傘立てに放置しないこと。まずは雨や直射日光の当たらない場所に広げ、全体を乾かします。目立つ汚れは、ぬるま湯で薄めた中性洗剤を布につけ、やさしく叩いて落とします。たまに布にドライヤーの熱風を当てると表面のフッ素樹脂のコーティングが整い撥水性がよみがえります。

6/3 ［六月三日］

レインブーツで雨の日の外出を軽やかに

梅雨の長雨だけでなく、集中豪雨も多くなった日本の夏。レインブーツがあると、雨の日のお出かけがぐっと快適に。ショートブーツ型でベージュなどのベーシックな色ならどんな服にもマッチします。

6/4

［六月四日］

生のあんずでアンチエイジング

英語でアプリコットともいうあんずは日本では6～7月が収穫期。ふだんはジャムやドライフルーツとして販売されていますが、この時期は生の国産果実が市場に出回ります。生のあんずは品種によっては酸味が強く感じられますが、新品種のサニーコットをはじめ、大粒で糖度の高いタイプも。あんずには若々しさを保つために必要なβ－カロテンやカリウムが豊富なので、アンチエイジングにおすすめです。

6/5

［六月五日］

目に涼やかな「青紫聯芳《せいしれんぽう》」の室礼を

「青紫聯芳」は、初夏の室礼のキーワード。青は緑を意味し、緑と紫の色がお互いを引き立てるようにしつらえます。一般には、紫のなすと緑のうりを飾りますが、ころんとした京都の賀茂なすや白うり、ズッキーニなども飾って、夏野菜らしい色の取り合わせを楽しむのも素敵です。

6/6 ［六月六日］ 「梅仕事」を始める

「梅仕事」とは、梅の実で梅干し、梅酒などを手作りすること。6月中旬頃までは青梅を梅酒や梅ジュース、梅シロップに、中旬～下旬は黄色の完熟梅を梅干しに。手間を楽しむのが梅仕事。この時期にひと頑張りしておくと、ヘルシーな梅茶漬けや梅酒割り、梅のデザートなどを一年中楽しめます。

6/7 ［六月七日］ 重曹で夏のキッチンを清潔に

食中毒の発生しやすい時期は、いつも以上にキッチンを清潔にしておきたいですよね。わが家ではキッチン周りの掃除に重曹をよく使います。重曹は炭酸水素ナトリウムという弱アルカリ性の物質です。そのため酸性の油汚れにペースト状にした重曹をのせると、中和の働きにより、自然に油汚れが浮いてきます。においも中和してくれるので、冷蔵庫の消臭剤としても使っています。

6/8 ［六月八日］ 新聞紙で手軽な湿気対策

新聞紙は輪転機で大量に印刷できるよう、耐久性と吸水性にすぐれています。その性質を活かし、乾燥材として活用できます。雨の日に靴やバッグが湿ったときは、くしゃっと丸めた新聞紙を詰めると湿気がよくとれます。玉ねぎやじゃがいもなどは、新聞紙で包めば湿気がほどよく保たれ、長もちします。

6/9

［六月九日］

蒸し暑い夜は蛍を探しに

各地の清流に蛍が姿を現し始めるのは、梅雨が始まる頃。実家の敷地を流れる小川では、この時期の夕暮れ、蛍がぽつぽつ光ったり消えたりしていました。日本には約50種類の蛍が生息しているとか。ゲンジボタルとヒメボタルは6月中、ヘイケボタルはその後と、種類によって見られる時期が少し異なります。観察に向く天候は曇りで、月が見えず、風の少ない蒸し暑い夜が最適です。

6/10

［六月十日］

「時の記念日」に時間の使い方を振り返る

「時の記念日」は大正時代に制定された記念日です。日本では近代化の過程で時間厳守の国民性が作られたといいます。100年生きられても、人間に与えられる時間は約87万時間。限りある時間を大切に過ごしたいですね。

6/11 ［六月十一日］
包丁を研いで自分好みの切れ味に

昭和の時代は主婦も砥石で包丁を研いでいました。現代の簡易研ぎ器も便利ですが、砥石を使えば自分好みの切れ味に調節ができ、調理しやすさも味もぐんと向上します。切れ味のいい包丁は余計な力を入れなくていいので、ケガも少なくなるそうですよ。簡易研ぎ器の場合、お手入れは週1回程度必要ですが、砥石なら月1～2回ですむそう。専門家の動画などをぜひ参考に。

6/12 ［六月十二日］
和のハーブの香る石鹸を作る

食用油の廃油などを材料にした手作り石鹸は肌にやさしく、どんな世代も安心して使えます。私の祖母は廃油をためておき、数カ月ごとに石鹸を作っていたので、わが家の手洗い石鹸はほとんど自家製でした。香りづけの材料は、乾燥させたヨモギやドクダミなど。和のハーブの香りで気分もさっぱりできました。

6/13 ［六月十三日］

バッグの中身を夏仕様に

季節によってバッグの常備品は違うもの。6月頃から9月頃にかけては、バッグに扇子と吸水性にすぐれたハンカチを。扇子はあおぐだけでなく、日差しの強い駅のホームにいるときなど、日除けがわりとしても使えます。また、防虫や消臭効果のあるミントオイルをガラスの小瓶に入れて持ち歩くと、重宝します。

6/14 ［六月十四日］

てるてる坊主に晴れを願う

「明日だけは晴れを」と願う日は、てるてる坊主を作ってみてはいかがでしょうか。てるてる坊主は江戸時代からの風習で、「てる」は「日が照る」に由来するとか。顔は描かず、のっぺらぼうの状態で吊るし、晴れたら顔を描くのが、正しい作法だそうです。

6/15 ［六月十五日］

畳をからぶきする

天然のイグサの畳には湿度調節の効果があり、夏はことにさらりとした感触が心地よく感じられます。畳の部屋の掃除は、ほうきでほこりを掃き出してから、乾いた雑巾でからぶきを。掃除機よりも畳に負担が少なく、長もちします。

6/16

［六月十六日］

嘉祥《かじょう》菓子で厄除け

江戸時代、武家、公家から庶民までの広い層で、旧暦6月16日に饅頭、きんとん、ようかんなどのお菓子を供えたり、食べたりして厄除けとする「嘉祥」という行事が行われていました。由来は明らかではありませんが、栄養豊富な小豆を食べて夏の疫病を防ごうとしていたのでは、といわれます。16日にちなむ数（16、6、1＋6＝7）の菓子を供えた江戸時代の人々のように、この日はいろいろな和菓子を楽しみたいですね。

6/17

［六月十七日］

猛暑になる前に夏野菜を漬ける

きゅうり、なす、みょうがなど、夏野菜には漬け物向きのものがたくさんあります。九州の実家では「本格的な暑さが始まる前に漬けておいたほうが長もちする」といい、塩漬け、ぬか漬け、酢漬けなどを6月中に仕込みました。ぬか床は毎日のお世話が大切ですが、冷蔵室に入れておけば3日くらい放置しても大丈夫です。

6/18

［六月十八日］

旬のじゅんさいをガラスの器に

今が旬のじゅんさいは、古くから食用とされてきた水生植物です。葉も茎も透明なゼリー状のものに覆われていて、ガラスの器に盛りつけるといっそう涼やかに。免疫力を高める働きがあるなど、高い栄養価で見直されている食材です。

6/19

［六月十九日］

清流に育った鮎を塩焼きに

鮎釣りが解禁になると、和食店のメニューに天然鮎が登場します。川魚には泥臭いにおいがするというイメージがありますが、清流の石につく苔を食べて育つ鮎の香りはとても爽やかです。そのため「香魚《こうぎょ》」とも呼ばれ、塩焼きにすると、その香りが際立ちます。食べる苔によって鮎の風味は違い、旅先ではその土地の川の流れを想いながら鮎をいただきます。

6/20 ［六月二十日］

可愛らしい蚕《かいこ》を愛でる

昭和の時代は、蚕を育てて副収入を得る農家が全国に多くありました。蚕は飼育時期で春《はる》蚕《ご》、夏蚕《なつご》、秋蚕《あきご》に分けられ、この時期は最も上質といわれる春蚕の繭の出荷時期。実家にも桑畑があり、私も蚕をペットとして育てていました。蚕は動きも可愛らしく、飼育キットで簡単に育てられるので、子どもの生き物観察におすすめです。

6/21 ［六月二十一日］

梅雨の休日は図書館でのんびり

全国に書店が少なくなっている中、公共の図書館はあらゆる世代が幅広いジャンルの本に直接ふれられる貴重な場に。地域の住民がゆったり過ごせるように、カフェを併設した図書館も全国的に増えています。梅雨の休日は図書館で新しい知識との出会いを楽しむのはいかがでしょうか。

6/22 ［六月二十二日］

切子の器で夏を彩る

夏の酒宴や茶会ではガラスの器が涼の演出に用いられます。地元鹿児島のガラスといえば、江戸時代後期に薩摩藩が開発した薩摩切子。明治初期にいったん途絶えましたが、１９８０年代に復活し、鹿児島県の伝統的工芸品になりました。鮮やかなガラスの色と繊細なカッティングは空間に幻想的なきらめきをもたらします。

6/23 自宅で魚を干物に

［六月二十三日］

私の故郷では干物は買うものではなく、各家庭で作るものでした。買った魚を祖母が井戸の横の調理場でさばき、竹ざるにのせて縁側で干していました。この時期は夏の香りをまとったアジの干物をいただきました。開いた魚を塩水につけ、風通しのよい場所で干すだけ、と意外と簡単にできる干物、手作りして生とは違う魚の旨みを味わってみては。

6/24 「掛け花」を楽しむ

［六月二十四日］

壁や柱の釘などに引っかけて使う掛け花入れは、夏の蔓草など、しなやかな茎の植物を少量飾りたい場合におすすめの花器です。たった一輪でも花と葉と茎の位置関係によってドラマが生まれます。掛け花入れの種類は、竹、陶器、籠、銅や鉄、ガラスなど。茶室では花にもルールがありますが、それ以外では自由に楽しんで。

6/25 麻で夏を爽やかに

［六月二十五日］

麻は古くから夏に好まれてきた布です。麻の清涼感の理由は、熱伝導率が高く、吸湿発散性にすぐれていること。熱も湿気もこもりにくく、皮膚にひんやりと感じられるのです。夏の衣類はもちろん寝具にもふさわしく、寝苦しさを軽減してくれます。

6/26 露天風呂につかる

［六月二十六日］

6・26の日付が「ろてんぷろ」と読めるところから、この日は「露天風呂の日」に。実家の離れには昔、薪で焚く五右衛門風呂がありました。子どもの頃、晴れた夜は窓を開けて星を眺めながら露天気分で五右衛門風呂に入るのが楽しみでした。この日は温泉施設に出かけてのんびり露天風呂につかってみては。都会の真ん中でも自然の風を感じながらの入浴は気持ちがのびのびします。

6/27

摘みたてミントでハーブ氷を

［六月二十七日］

日本の在来のミントであるニホンハッカは、西洋の品種よりもメントールを多く含んでいます。育てやすい品種で、実家では必要なときにちぎって使っていました。夏は水を入れた製氷皿にミントの葉をのせて凍らせると、好きなときにハーブ氷として使えます。アイスティーにこの氷を浮かべればミントティーに早変わり。

6/28

クチナシの甘い香りに酔う

［六月二十八日］

梅雨の頃に咲くクチナシの白い花は濃厚な甘い香りを放ち、春の沈丁花《じんちょうげ》、秋の金木犀《きんもくせい》と並び、日本三大香木と呼ばれます。日本では古くから実が染料や食物色素として利用されていますが、西洋では花を香水の原料とします。クチナシの開花はほんの数日。今年もクチナシの花に出会えるといいですね。

6/29

手頃な魚を自家製の佃煮に

［六月二十九日］

この日は「佃煮の日」。私の故郷の鹿児島ではカツオ、カンパチなどの魚の佃煮がよく食卓にのぼります。簡単に作れて長もちするので、実家でも魚を大量に入手した際には、手作りしていました。甘めの醤油を使い、生姜をたっぷり入れると鹿児島風に。

6/30

［六月三十日］

「夏越《なごし》の祓《はらえ》」で年の後半の息災を祈る

1年の折り返し地点にあたる6月30日に、半年間にたまった穢《けが》れを落とし、残り半年の健康を祈願するのが「夏越の祓」の神事です。各地の神社では厄除けの「茅《ち》の輪くぐり」が行われます。神社によっては、人形《ひとがた》の白い紙を自分の体に当てて罪や穢れを移し、水に流したりお焚き上げしたりするといいます。私の実家では庭に作った茅の輪を1人ずつくぐり、「今年後半も無事過ごせますように」と願っていました。

JULY

7月

文月

［ふみづき・ふづき］

旧暦では秋の始まる月で、語源は稲の穂がふくらむことから「含月《ふふみづき》」が「ふみづき」になったとも、七夕に文《ふみ》を飾るためとも。「七夕月《たなばたづき》」「七夜月《ななよづき》」は七夕にちなむ異称。7月の盆に親の墓参りをすることから「親月《おやづき》」や、この時期の花から「女郎花《おみなえし》月《づき》」とも。初秋の気候にちなみ、「涼月《りょうげつ》」の名も。

7/1 ［七月一日］

「山開きの日」に日帰りプチ登山

7月1日頃、全国の山々で山開きの行事が行われます。日本の山の数は、国土地理院の2万5000分の1地形図に掲載されている山だけでも1万6000以上あるとか。標高1000メートル以下の低山も多数。標高はそれほど高くなくても、緑に包まれたハイキングコースは涼やか。夏のリフレッシュに出かけてみては。

7/2 ［七月二日］

昔ながらの笠で熱中症対策

日本に古くからあるイグサ、わら、竹の皮などで編んだ円錐形の笠は、一般的な帽子よりも広い範囲の日射を防ぐことができ、日傘と違って両手が自由に使える点も便利です。防水性があり、通気性もよいため、現在でも農業や造園業のプロに愛用されています。熱中症対策グッズとして、キャンプやガーデニングで使う人も多いとか。ホームセンターなどで販売されていますよ。

7/3

［七月三日］

好きな辛さの七味を手作り

夏、ちょっと辛いものがほしいときなどに便利な七味には、唐辛子、しょうが、山椒、陳皮、ごま、麻の実、けしの実、青のりなどが入っています。これらを好きな配合でまぜ、すり鉢でするとオリジナルの七味に。好みの辛さとフレッシュな香りが楽しめます。専門店の七味用スパイスキットも市販されていますよ。

7/4

［七月四日］

「半《はん》夏《げ》生《しょう》」の日にタコご飯で豊作を祈る

「半夏生」は夏至から数えて11日目のことで、古くは田植えを終わらせる目安の日とされていました。関西などでは半夏生の日に「稲がタコの足のようにしっかりと根を張るように」とタコを食べます。私の実家ではこの日はタコの炊き込みご飯でした。タウリン豊富なタコを食べると、夏も元気に過ごせそうです。

7/5

［七月五日］

お中元に涼を送る

お中元は古代中国の暦の7月15日の「中元」に祖先の霊に供物を捧げた風習が起源とされます。お世話になった方へのお中元には、涼しさをお届けするつもりで、ひんやり召し上がっていただくものなどを選んでいます。避暑やバカンスに行かれる方もいらっしゃるので、日もちもポイントです。

7/6

［七月六日］

笹の枝に七夕飾りを

七夕の風習は、中国の織姫と彦星の伝説と日本の機織りの伝統などがまざり合って生まれたそうです。笹は天の神様が降りる目印といい、私の実家では門の内側に笹を立て、家族が願いをしたためた五色の短冊を飾りました。今の住まいはマンションなので、花籠に笹をさし、短冊を添えています。

7/7

［七月七日］

天の川に技芸の上達を願う

機織りの得意な織姫に、古くから人々は裁縫、音楽、詩文などの技芸の上達を願ってきました。七夕に行われるその行事は、「巧みなることを星に乞う」という意味で、「乞巧奠《きっこうでん》」といいます。乞巧奠の室礼では、裁縫を象徴する糸巻や針山、音楽を象徴する楽器、「文房四宝《ぶんぼうしほう》」と呼ばれる墨、硯《すずり》、筆、紙など、芸事や詩歌に関するものを飾るのが特徴です。七夕の朝、里芋の葉にたまる朝露で墨をすると書が上達するともいいますよ。

7/8

［七月八日］

訪問着の特徴と「格」を知る

「訪問着」は社交用の着物として、大正〜昭和初期の呉服業界が広めた言葉といいます。特徴は、「絵羽《えば》模様」と呼ばれる、縫い目をこえてつながる模様。裁断・仮縫いをして模様づけを行い、いったんほどいて染めてから仕上げます。礼装である色留袖と違い、紋はなくてもかまいません。帯はふつう袋帯を合わせます。絵羽模様のない「付け下げ」よりも格が上の訪問着は幅広い場面に向きますが、親族として結婚式に出席する際は、礼装の色留袖を。

7/9

［七月九日］

藍染の服で夏の肌を守る

藍染に用いられる植物、藍は薬草でもあり、生の葉の汁を火傷や虫刺されに塗ると治りが早いといいます。藍の葉を発酵させて作る染料で染める藍染にも防虫効果や抗菌作用があり、藍染の服は汗のにおいや紫外線の対策にも効果的とか。私の祖母も夏はよく藍染の綿の着物を着ていましたが、見た目にも涼しげでした。

7/10 やかんで麦茶をいれる
［七月十日］

麦を焙煎して作る麦茶は、ノンカフェインで子どもでも飲みやすい、夏にぴったりの飲み物です。砕いた麦をパックにしたものを水出し・煮出しすると雑味が強くなりやすいため、昔ながらのやかんで粒の麦を煮る方法がおすすめです。熱中症対策には砂糖と塩を少々加えると、水分が吸収されやすくなります。

7/11 朝顔の成長を楽しむ
［七月十一日］

春に種をまいた朝顔が開花する時期。毎朝どんな色の花が咲いているのかチェックするのも楽しみです。私たちのまわりには、奈良時代に中国から渡来して独自に改良してきた日本朝顔と、明治時代に入ってきた西洋朝顔があります。葉に毛がなく、午後も咲いているのは西洋朝顔です。

7/12 蝉の声を聴き分ける
［七月十二日］

暑い日にひときわ大きく聞こえる蝉の鳴き声。「ジージー」はアブラゼミ、「ミンミン」はミンミンゼミ、「シャンシャン」はクマゼミです。蝉の声をわずらわしく感じるのではなく、日本の夏らしい音として受けとると、季節を知らせる蝉に感謝の気持ちが生まれると祖母に教えられました。

7/13

［七月十三日］

縁側から天の川を見上げる

人工のあかりが少ない場所で、夏に夜空を見上げると、もやっと白いものが見えます。その正体は天の川。天の川は夏のほうが明るく、天体望遠鏡をのぞくと無数の星を細かな光の点として見ることができます。子どもの頃、夏の夜は縁側で家族と天の川を見上げました。夏休みになったら、郊外へ夜空観察に出かけてみては。

7/14

［七月十四日］

早起きして蓮の開花を見に行く

七十二候の「蓮始開《はすはじめてひらく》」を迎え、池や沼で蓮の花が開花期を迎えますが、蓮の花が開いているところは午前中にしか見られません。日の出頃からゆっくりと花びらが開き始め、8時頃に満開になり、9~10時頃からまたしぼんでいき、3、4日で散ってしまいます。子どもの頃、蓮の花を見るためなら、早起きするのも苦ではありませんでした。

7/15

［七月十五日］

暑中見舞いのはがきを選ぶ

暑中見舞いに使うはがきは、季節感のあるものも喜ばれます。私は海や朝顔、ヒマワリ、すいかなどの絵入りのものをよく選びます。8月7日頃の立秋を過ぎると残暑見舞いの時期になってしまうので、それまでに届くよう投函を。

7/16

［七月十六日］

はがきの柄に似合う切手をコーディネート

手紙やはがきを送るときには、切手も季節や相手に合わせて選びたいもの。記念切手をストックしておくとコーディネートに便利です。たとえば絵入りはがきでは、海の絵のはがきに貝の切手、花の絵のはがきに虫の切手など、テーマをリンクさせつつ、絵柄を重ねないようにするのがポイントです。

7/17

［七月十七日］

豆腐屋さんで豆腐を買う

真夏の定番料理、冷奴は豆腐そのものの味がそのまま出るもの。子どもの頃は引き売りの豆腐屋さんのクリーミーな絹ごし豆腐の冷奴が大好きでした。今はあちこちの豆腐屋さんの豆腐を食べ比べ、各店のこだわりを味わいます。

7/18

［七月十八日］

夏の家事・育児は首元に手ぬぐいを

真夏に家事や育児をするときは、首元に手ぬぐいを。薄い木綿地は吸水性が高いうえ乾きがとても速く、首や頭に巻くこともできて、汗止めや汗ふきに本当に便利です。水で濡らしたり、保冷剤を巻き込んだりして首に巻けば、熱中症予防にも。

7/19

［七月十九日］

山椒で暑さを制す

山椒は、日本原産の落葉樹の果実の皮を乾燥させて粉にした、和のスパイスです。「山椒は小粒でもピリリと辛い」といいますが、山椒には辛みを強く感じさせる成分があり、これが食欲不振、消化不良の予防にも役立つとか。鰻以外にもさまざまな料理に使い、夏の健康管理に活かしたいですね。

7/20

［七月二十日］

土用は「う」がつく食べ物で精をつける

立春・立夏・立秋・立冬の前の約18日間を土用といいます。そのうちの「夏の土用」に、鰻など、「う」がつくものを食べると夏バテしないといわれます。鰻にはたんぱく質、脂質が多く、ビタミン、ミネラルもたっぷりで夏バテ予防に最適。パワーの出る牛、消化のいいうどん、クエン酸が疲労回復を助ける梅干し、体を冷やすうりなども、この時期にとりたい食材です。

7/21

［七月二十一日］

思い思いの海遊びを楽しむ

古来日本には病気治療のため海水につかる「潮湯治《しおとうじ》」や「潮浴《しおゆあ》み」がありました。明治時代に初めて造られた海水浴場も療養目的でしたが、やがて海水浴はレジャーに。わが家も夏の週末には車で海に出かけました。父は防波堤から釣りを、母はパラソルの下で読書を、子どもたちは海水浴や砂遊びをして、それぞれ自由に一日を過ごしました。私は宝物箱を持っていき、拾った貝殻をバケツから崩れないように移して持ち帰ったものです。

7/22

［七月二十二日］

花火大会の前に打ち上げ花火の名前を覚える

日本の花火大会の元祖は1733（享保18）年の両国川開きに行われたものとか。日本の打ち上げ花火は、光が球状に飛び散る「割物《わりもの》」と、上空でポカっと割れて光が落ちる「ポカ物」に大別されます。前者の代表は空に大きな菊の花を描く「菊」、後者の代表は光が垂れ落ちる「柳」。人気のスターマインは、速射連発の打ち上げ法のこと。「花雷《はならい》」「飛遊星《ひゆうせい》」など花火の名前や形を知っておくと、大会をより楽しめます。

7/23

［七月二十三日］

早朝と夕方に水を打つ

打ち水をすると、水が蒸発するときの気化熱で周りの地面の熱が奪われ、涼しさを感じることができます。ただし、酷暑の日中に打ち水をしても、ほんの短い時間で水が蒸発してしまい、あまり効果がありません。おすすめは水がゆっくり蒸発し、効果が長く持続する早朝と夕方です。

7/24

［七月二十四日］

金魚を手水鉢《ちょうずばち》に

慣用句「手水鉢の金魚」は、手水鉢には柄杓《ひしゃく》があることから、「しゃくに障る」の意味でした。実際に手水鉢で金魚を飼うときは、直射日光が当たらず、雨水の入らない場所で。砂利や水草も入れると、金魚にとってより快適な環境になります。

7/25

［七月二十五日］

葦簀《よしず》で日射を防ぎ室温上昇を抑制

軒先やベランダに立てかけて使う葦簀は、イネ科の植物、葦《よし》を素材とします。葦簀で日射を遮ると、室内の温度上昇が抑えられ、熱中症対策に。環境省も窓の外側に日射を遮るものを設置することを推奨しています。葦簀に水をかけると気化熱で葦簀を通る風が涼しくなりますが、室内より屋外の気温のほうが高いときに窓を開けると逆効果に。夕方以降、外気温が下がってから葦簀を通る風を楽しみます。

7/26

［七月二十六日］

蚊取り線香を風上に置く

日本では古くから木片、落ち葉、おがくずなどを燃やして「蚊遣《かや》り」としていました。明治時代、線香にアメリカからもたらされた除虫菊の粉末を加え、蚊取り線香が誕生します。昭和の日本の夏には、蚊取り線香が欠かせませんでした。今もキャンプや夕涼みなど屋外で重宝します。風で煙が広がるよう、風上に設置を。

7/27

［七月二十七日］

冷たいそうめんにおろしたての生姜を

食欲がない日にも、生姜をのせた冷たいそうめんは不思議とたくさん食べられるもの。生姜の香り成分・シネオールに食欲増進効果があるためといわれます。また辛み成分のジンゲロールには、殺菌作用のほか痛みや吐きけを抑える効果も。おろしたての香りを楽しみながら体を整えて。

7/28

［七月二十八日］

酢の和ソーダで猛暑疲れをとる

私が子どもの頃、家では市販のジュースはめったに買うことがありませんでした。そのかわり、りんごのしぼり汁と米酢をまぜて炭酸水で割ったドリンクや、米酢にレモンのしぼり汁とはちみつを加えた甘酸っぱいドリンクなどをよく作ってもらいました。クエン酸が含まれている米酢を使ったドリンクは夏の疲労回復に最適で、大人になってからも愛飲しています。

7/29

[七月二十九日]

「飲む点滴」でエネルギー補給

米麹を使った発酵飲料の甘酒は、ノンアルコールで糖分やアミノ酸、ビタミン類も豊富に含み、栄養補給に役立つことから「飲む点滴」とも呼ばれます。古くから栄養ドリンクとして親しまれていて、夏にも飲まれていました。栄養豊富な温かい甘酒を飲んで汗をかくことで体温を下げるのが、夏バテ対策だったようです。わが家でも夏に祖母がよく作ってくれました。

7/30

[七月三十日]

水ようかんを手作りする

水ようかんは夏の和菓子の定番の一つ。子どものときに食べていた水ようかんは、祖母の手作りでした。レシピは、こしあんと砂糖、塩、寒天、水を煮て固めるだけ。フルーツをのせる、可愛いゼリー型を使うなどアレンジを加えながら、今は私も手作りを楽しんでいます。寒天は食物繊維が豊富でローカロリーなので、砂糖の量を控えめに、錦玉かんを作ることも。

7/31

[七月三十一日]

竹の風鈴の音色で涼む

日本の風鈴は、中国から伝わり寺院の厄除けとして吊るされた、青銅製の風鐸《ふうたく》が源流といいます。現在では岩手県の南部鉄器の南部風鈴、江戸時代に伝わったガラス製法で作られる江戸風鈴、佐賀県の伊万里焼の風鈴など、各地に特色ある風鈴が伝わっています。私の実家の風鈴は、裏山の竹で作られた竹風鈴で、風が吹くとカランコロンと鳴りました。

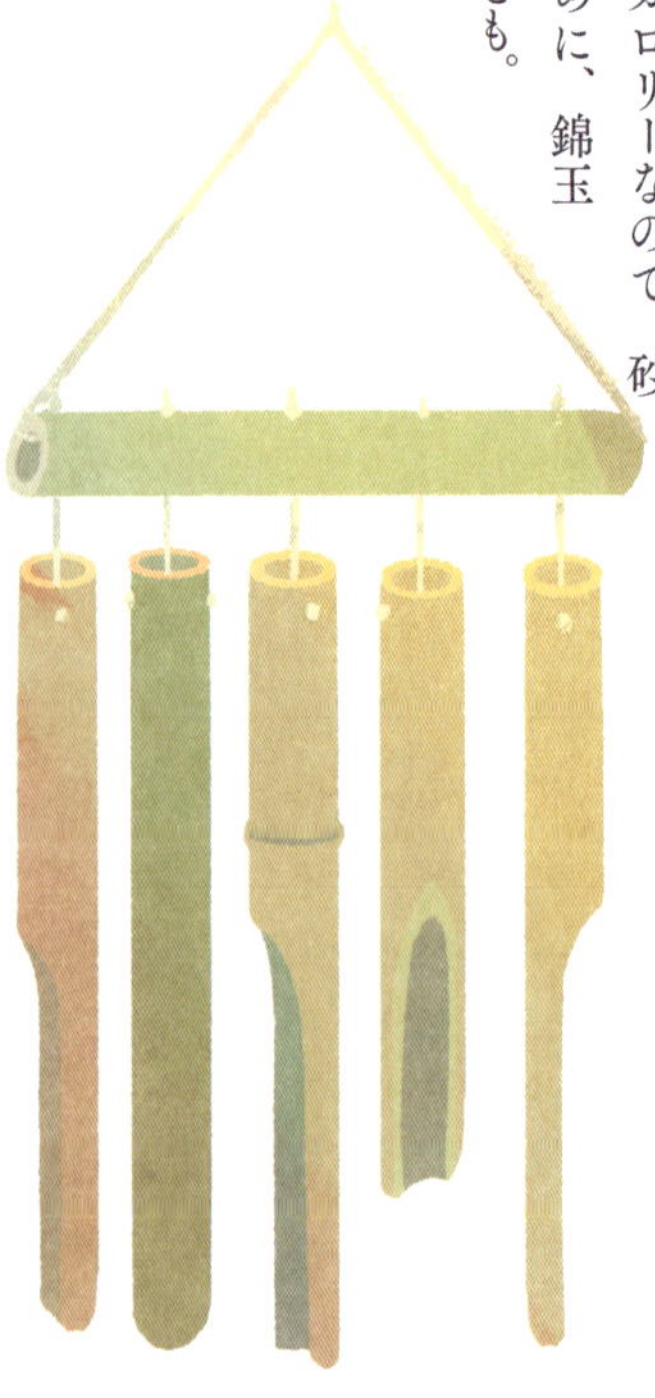

AUGUST

8月

葉月

［はづき・はつき］

旧暦8月は今の9月頃にあたり、「葉月」の名は木々の葉が落ちる「葉《は》落月《おちづき》」、初めて雁《がん》が来る「初来月《はつきづき》」に由来するなどの説が。秋の植物の色の変化に着目した名に「木染月《こぞめづき》」「紅染《べにそめ》月《づき》」があり、この季節の渡り鳥の行き来を表す「雁来月《がんらいづき》」「燕去月《つばめさりづき》」も。月見に最もよい月とされ「月見《つきみ》月《づき》」とも。ほかに「秋風月《あきかぜづき》」などの名も。

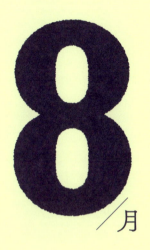

8/1

[八月一日]

雪輪紋の菓子器と琥珀糖《こはくとう》で涼を演出

雪輪紋とは、雪の結晶の六角形の輪郭を曲線でつないだ文様。冬に用いられるだけでなく、江戸時代から、涼しさを感じさせる文様として、夏の着物に用いられてきました。雪輪紋の器に透き通った干菓子・琥珀糖をのせれば、涼しげな夏のおもてなしに。

8/2

[八月二日]

ハーブ水のおしぼりですっきり

おしぼりは日本独特のアイテム。使い捨ての衛生用品が多くなかった昭和の時代は、レジャーだけでなく日常的に家でもおしぼりを使ったもの。実家では夏は小さなガーゼや日本手ぬぐいを水にひたし、ぎゅっと固くしぼって冷蔵庫で冷やしたものを用意していました。私は今もローズマリー、レモンバーム、ミントなどのハーブの煮汁にひたしたおしぼりを、気分転換に活用しています。

8/3

[八月三日]

靴を脱ぐマナーで好印象

知人や親戚のお宅を訪問する機会が増える夏休み時期。靴を脱ぐときのマナーを覚えておくと、迎える側に好印象を与えます。脱ぎっぱなしはもちろんNGですが、靴を脱いだり揃えたりするときに、家の中で迎えてくれる訪問先の方にお尻を向けるのを避けるのもマナー。建物の中を向いて靴を脱ぎ、スリッパがあれば履いてから、斜めに振り返りつつしゃがみ、靴のつま先を外向きにして、下座によけて揃えます。

8/4

浴衣で夕暮れの散歩に

［八月四日］

夏の夕方は、浴衣で夕涼みの散歩へ。私も子どもの頃は祖母の仕立てた浴衣を着て、夕暮れの空を眺めに出かけたものです。大人のお出かけ用の浴衣は、家着っぽくなりすぎない、藍色の地に大きな柄のものがおすすめです。髪が襟元より長い場合はまとめ、首回りをすっきりと。和装としてはカジュアルなので、格式のあるパーティーやレストランなどでは浴衣を避けるか、事前に浴衣ＯＫか確認を。

8/5

浴衣は所作に気配りを

［八月五日］

浴衣の外出では、襟元や裾が崩れないよう、とくに女性は動作を小さめに。歩くときは歩幅を抑えぎみにして右の褄《つま》を軽く手で押さえ、ものを取るときは袂《たもと》を反対の手で押さえます。もしも外出先で帯が緩んできたら、小さなタオルを背中の帯の下に差し込み応急処置を。なお、新品の下駄は鼻緒がかたいので浴衣でお出かけする前にならしておき、当日は念のため絆創膏の用意を。

8/6 ［八月六日］
黙禱で平和を祈る

1945年に広島、長崎に原爆が投下された8月6、9日は「原爆の日」。6日は午前8時15分、9日は午前11時2分に黙禱を捧げます。言葉を発しないで心の中で祈る黙禱は、祈りの形式として、宗教を問わず見られる、いわば世界共通の祈りです。原爆の日、そして15日の終戦記念日には、しばし家事や外出準備の手を止め、平和のために黙禱を。

8/7 ［八月七日］
ヒマワリの投げ入れで夏を味わう

ヒマワリは100種類以上あるといい、この時期はさまざまなタイプのヒマワリが花屋に並びます。好きなものを選んで、投げ入れ用の花器や背の高いガラスの花瓶にざっくりと飾り、夏の気分を味わいましょう。新しい品種の小さいサイズのヒマワリを束にして飾ったり、色の違うヒマワリを組み合わせたりするのもいいですね。

8/8 ［八月八日］
庭ですいか割りを

昭和の時代、ビーチの定番のアクティビティだったすいか割り。私の実家では、庭でもすいか割りをしていました。目隠しされた子どもが棒を持ってフラフラ歩くと、ほかの人は「右、左、前！」などと声をかけて大盛り上がり。割れたすいかに豪快にかぶりつくと、いつも以上においしく感じられたものです。

8/9 ［八月九日］

自家製ところてんで暑さをしのぐ

暦では立秋でも猛暑が続くこの時期にうれしいおやつといえば、自家製のところてんでした。専用の棒でぎゅっと押し出して皿に盛ったところてんを三杯酢でつるっといただくと、酸味で気持ちもぎゅっと締まります。薬味は、すりごまと青のり。からしを使うのは、少し大人になってからでした。

8/10 ［八月十日］

白靴下で汗ばむ足をカバー

よそのお宅や料亭など、靴を脱ぐ場所に素足にサンダル履きで訪れるのは、どんなに上品なサンダルでもマナー違反に。足の汚れや汗で床や畳を汚してしまうからです。素足の日に急に訪問することになった場合は、コンビニなどでソックスを購入し、玄関の腰掛などを借りて履きます。色は清潔感のある白を選んで。

8/11 ［八月十一日］

家族で団扇《うちわ》作りを楽しむ

真夏のアウトドアでは団扇があると便利。私が子どもの頃は近所に住む竹職人さんから団扇の骨組みを譲ってもらい、家族で桔梗《ききょう》や朝顔などの絵を描いて貼っていました。全国的に職人さんが少なくなった今はプラスチックの団扇が一般的ですが、紙の貼りかえはプラスチックの団扇でも可能です。街頭で配布された団扇などを活用し、家族で団扇作りを楽しんでみては。

8/12 お盆の準備を

［八月十二日］

お盆は旧暦7月15日の中《ちゅう》元《げん》節の日に祖先の霊を祀る日本の伝統的な行事です。現在は8月15日を中心とした旧盆に行う地域がほとんど。ご先祖は13日にあの世から自宅に戻り、16日にあの世に戻っていくとされます。12日は、ご先祖を迎える準備を。

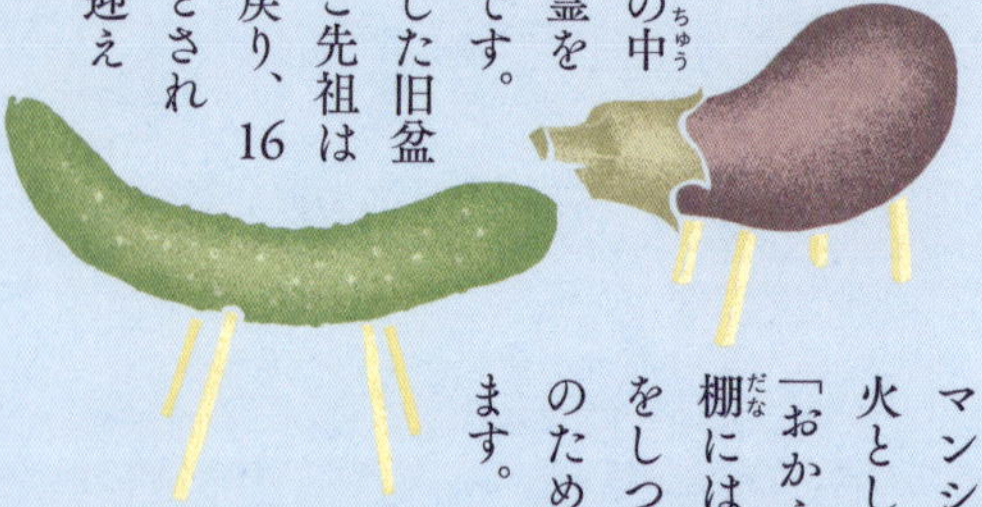

8/13 迎え火を焚き精進料理でもてなす

［八月十三日］

お盆の初日、なすやきゅうりの精霊《しょうりょう》馬《ま》に乗って帰ってくるご先祖のため、家々では玄関先で麻幹《おがら》を焚いて迎え火とします。マンションではキャンドルを迎え火としてもいいですね。玄関先に「おかえり」の印の迎え花、精霊《しょうりょう》棚《だな》には盆提灯《ぼんちょうちん》のかわりのホオズキをしつらえます。この日はご先祖のために精進料理のお膳を用意します。

8/14 形見の品で故人をしのぶ

［八月十四日］

実家ではお盆に、亡くなった祖父が愛用していた腕時計や数珠《じゅず》などを、形見の室礼として飾っていました。祖母は「精霊棚や仏壇がなくても、これこそ一番の供養になるんだよ」と言っていました。おかげで、自分が生まれる前に亡くなり、会ったことのない祖父にも親しみを感じることができました。

8/15

［八月十五日］

盆踊りに参加してご先祖を慰める

阿《あ》波《わ》踊りに代表される盆踊りは、お盆に帰ってきた先祖の霊を慰め、またあの世に送るための行事とされます。明治初期に夜に騒ぐことなどが文明開化にふさわしくないと禁止されましたが、大正から昭和にかけて復活し現在に至ります。盆踊りの輪には亡き人が加わっているともいわれます。今も各地で開催される盆踊り、ご先祖に会いに出かけてみては。

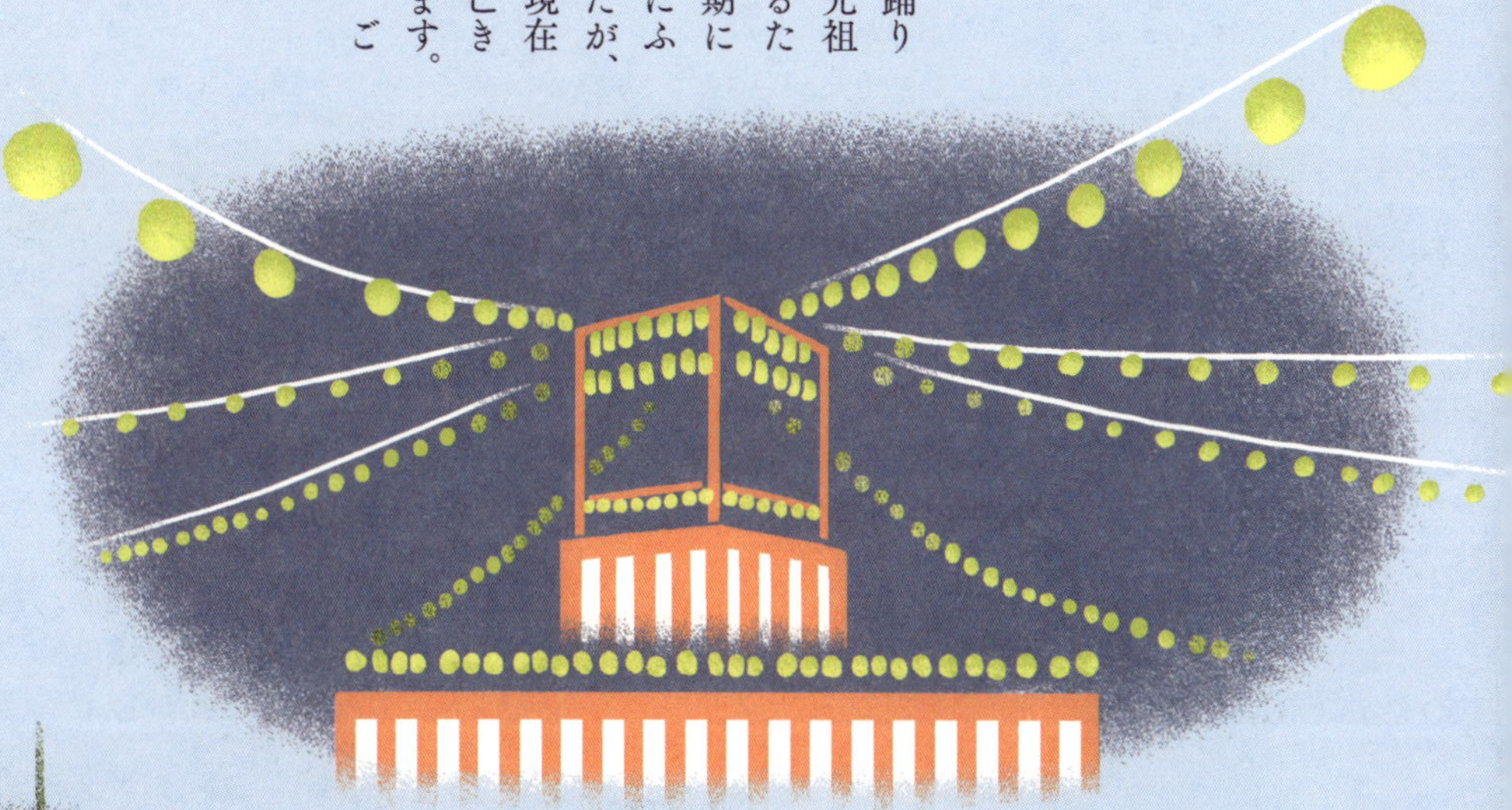

8/16

［八月十六日］

花火でご先祖を送る

旧盆の最終日の夕方は送り火を焚きます。京都の五山送り火や灯籠流しも送り火の一種。昭和の時代は、庭先で送り火がわりに手持ち花火を楽しむ様子もよく見られました。「子どもと花火がしたいけれど、自宅では無理」という方は、近所の公園は可能かチェックを。自治体によっては、手持ち花火限定で公園での花火使用を許可しています。花火とともにご先祖や故人をしのぶ時間を大事にしたいですね。

8/17

［八月十七日］

箱眼鏡で川遊び、磯遊び

箱眼鏡は、箱状のものを水中に入れ、川や海の中を見る道具です。漁に使う市販品もありますが、川遊び、磯遊びなら手作りでも間に合います。作り方は簡単で、牛乳パックの口と底の部分を切り落とし、底にラップをかけて輪ゴムで留めればでき上がり。アクリル絵の具でペイントしてオリジナルデザインに。

8/18

［八月十八日］

流木アートを夏休みの思い出に

海や川に出かけたら、流木を持ち帰り、アート作品を作ってみては。まずはブラシで汚れをとり除いて水洗いし、煮沸したり熱湯をかけたりして、殺菌と虫の駆除を。さらに数日かけて天日で自然乾燥させます。動物をかたどったり、抽象的なオブジェにしたり、子どもも大人も楽しめます。

8/19

枝豆、とうもろこし、桜えびで夏のかき揚げ

［八月十九日］

枝豆という名前は、大豆の若い豆が枝つきで売られていたことに由来します。ゆでて塩をかけるだけでおいしいおつまみになりますが、さやから豆をとり出し、料理の材料としても使います。私のお気に入りは枝豆の天ぷら。夏が旬の枝豆、とうもろこしに桜えびを合わせたかき揚げが大好きで、思わずビールが進みます。

8/20

旬の桃をコンポートに

［八月二十日］

食べ頃の桃は冷やして皮をむくだけでも十分おいしいのですが、食べきれないときはコンポートにするとおしゃれで保存のきくスイーツに。作り方は、皮つきのまま半分に切って種をくりぬき、砂糖とレモン汁、水で煮て皮をむくだけ。生クリームをのせていただくほか、ゼリーやムースにも使えます。

8/21

氷を敷いた器でトマトサラダを

［八月二十一日］

夏バテぎみのときも、サラダや冷製パスタなどの冷たい料理は食べやすいもの。冷たさを保つには、器を二重にして下の器に氷を敷きます。ガラス製の器を組み合わせると涼しげ。熟したトマトを切って、刻んだ玉ねぎやパセリを散らすだけでおもてなしに。

8/22

梨は冷やしてより甘く

［八月二十二日］

二十世紀、幸水《こうすい》、新高梨《にいたかなし》など日本生まれの梨、和梨は、洋梨のように買ってからさらに熟すのを待つ必要がありません。店では色の濃い、皮がなめらかで、ずっしりと重みのあるものを選び、なるべく早めに食べましょう。梨の果糖は冷やすと甘みが増すので、食べる前に2～3時間冷やすとより甘く感じられます。

8/23

お酒で大人のかき氷を

［八月二十三日］

かき氷がおいしい時期。自宅でお酒を使った大人のかき氷を楽しんでみては。日本酒、カルーアなどのリキュール、シェリー酒などをシロップがわりに注げば、お酒の新たなおいしさも味わえます。カクテルのようにジュースと組み合わせたり、フルーツを飾ったりしても。ただし、かけすぎには気をつけて。

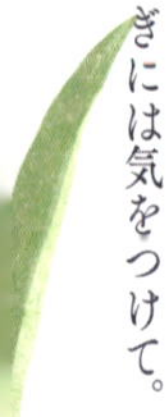

8/24 ［八月二十四日］

熱いおしぼりとお茶で夏の冷えを解消

残暑を逃れて冷房のきいた部屋にいるうちに体がすっかり冷えていることも。そんなとき、祖母は首の後ろに温かいおしぼりを当て、熱いお茶を飲んで血流をよくしていました。私も大人になってからは祖母をまね、冷房病にならないように気をつけています。

8/25 ［八月二十五日］

アロエの葉で日焼けケア

薬効をもつアロエの葉の汁には肌トラブルを抑える効能があり、日焼けの炎症にも効果的。ちなみに日本に多く見られるのはキダチアロエで、ヨーグルトなどに入っているのはアロエベラ。キダチアロエの花は赤、アロエベラの花は黄色、などの違いがありますが、どちらにも薬効があります。体質的にアロエが合わない人もいるので、事前に腕の内側などでパッチテストを。

8/26

盛り塩で商売繁盛、家内安全

［八月二十六日］

家の玄関や店の入り口の盛り塩は商売繁盛を招くとも、魔除けになるともいわれます。焼酎の蔵元をしている実家でも玄関先にはいつも盛り塩があります。盛り塩を円錐《えんすい》形に立てるのは少し難しいのですが、今は盛り塩用のセットが販売されていて、簡単にきれいな形が作れます。盛り塩を置く場所は丁寧に掃除し、汚れたり湿気ったりする前に塩の交換を。

8/27

台風の備えは万全に

［八月二十七日］

8月の終わりは台風の多い時期。私の故郷、鹿児島は強烈な台風に見舞われるので、台風対策も念入りです。各家庭では台風が来る前に食べ物などを買いだめし、植木なども屋内に入れます。都市部でも台風のときは停電や断水などが起きやすいもの。台風の前には非常用品のチェックを。

8/28

［八月二十八日］

着物や器の柄で秋を感じる

まだ猛暑が続いていても、立秋の後は秋の挨拶になります。街中ですれ違う人の着物や和食店の器の柄も、秋草や月、ぶどうなど秋のものに。外出先ではあちこちに秋を見つけて楽しんでいます。

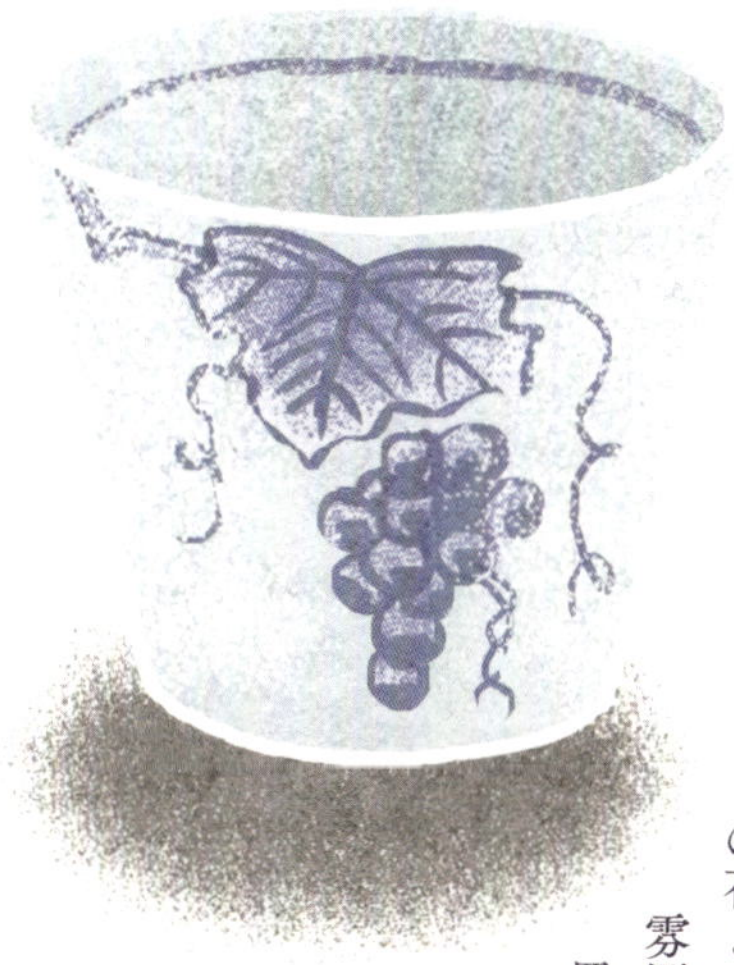

8/29

［八月二十九日］

枯れたヒマワリで初秋の風情を演出

少し前まで元気に咲いていたヒマワリも枯れ始め、うつむいています。その姿には初秋らしい侘びた風情があり、ドライフラワーのように花器に飾っても違和感がありません。鮮やかな黄色の花よりも大人っぽく、秋らしい雰囲気に。木の盆や板などに置いて飾る方法も。

8/30

豚ステーキで夏の疲れを一掃

［八月三十日］

夏の疲れが出る頃、祖母はよく豚ステーキを作っていました。豚肉には疲労回復効果の高いビタミンB_1が豊富で、猛暑で失われた気力・体力をとり戻すにはぴったりの食材なのです。ビタミンB_1の吸収をアップするアリシンを含む、玉ねぎやにんにくといった香味野菜と一緒に調理を。もし肉の脂が重く感じるようなら、鹿児島産の黒豚がおすすめです。黒豚の脂肪はとける温度が高いため、食べたときに口の中で脂がべとつかず、さっぱりと感じられます。

8/31

頭皮と髪を本つげ櫛でいたわる

［八月三十一日］

祖母は髪の手入れにつげ櫛を愛用していました。古くから日本女性に愛されてきたつげ櫛は、現代のプラスチックの櫛よりも枝毛や絡みなどの原因になる静電気が発生しにくいといいます。また、つげ櫛を仕上げるときに椿油を浸透させるので、使ううちに髪につやが出るとか。頭皮への当たりがやさしく、髪をとかすことで頭皮マッサージの効果も。職人さんが手作りしたつげ櫛を長く大事に使いたいですね。

SEPTEMBER

9/月

長月

「ながつき・ながづき」

夜が長くなる月なので、「夜長月《よながづき》」の省略形という語源説が一般的。旧暦9月は稲穂が成長する時期のため、「穂長月《ほながづき》」の略という説も。9月9日は菊の節句とも呼ばれる「重陽《ちょうよう》の節句」であり、「菊月《きくづき》」「菊咲月《きくさきづき》」とも。紅葉にちなんだ「紅葉月《もみじづき》」の名も。稲の収穫期であることから「小田刈月《おだかりづき》」とも。

9/1

［九月一日］

秋の実りを盛物に

雨が降るたび少しずつ秋らしくなっていきます。今が旬のかぼちゃ、なす、梨、ぶどう、里芋、からすうりなどを使った盛物で、豊穣をもたらす神への感謝を表現し、「実りの秋」の到来を楽しみます。

9/2

［九月二日］

黄金色に変わる稲穂に秋を感じる

夏に花が咲いて受粉した稲の穂の籾《もみ》の部分が膨らんでくると、色が黄色っぽくなってきます。やがて葉や茎も黄色になり、収穫期を迎えます。黄金色になった田を渡る風は秋らしく爽やかです。夕方の赤みを帯びた光を浴びる稲穂の美しさも、秋の訪れを実感させてくれます。

9/3

［九月三日］

亀の子束子《たわし》で洗い物をエコに

１９０７年に日本で開発された「亀の子束子」。食器や金属製品、竹ざるの洗浄だけでなく、芋の皮むきなどにも使える便利さと耐久性が１００年以上愛される理由です。祖母も「鍋はすぐたわしで洗えば洗剤は使わなくていい」と愛用していました。亀の子型が登場する以前は、鍋洗いの道具といえば、割り竹を束ねた「ささら」でした。いまも中華鍋やフライパンの洗浄によく用いられます。

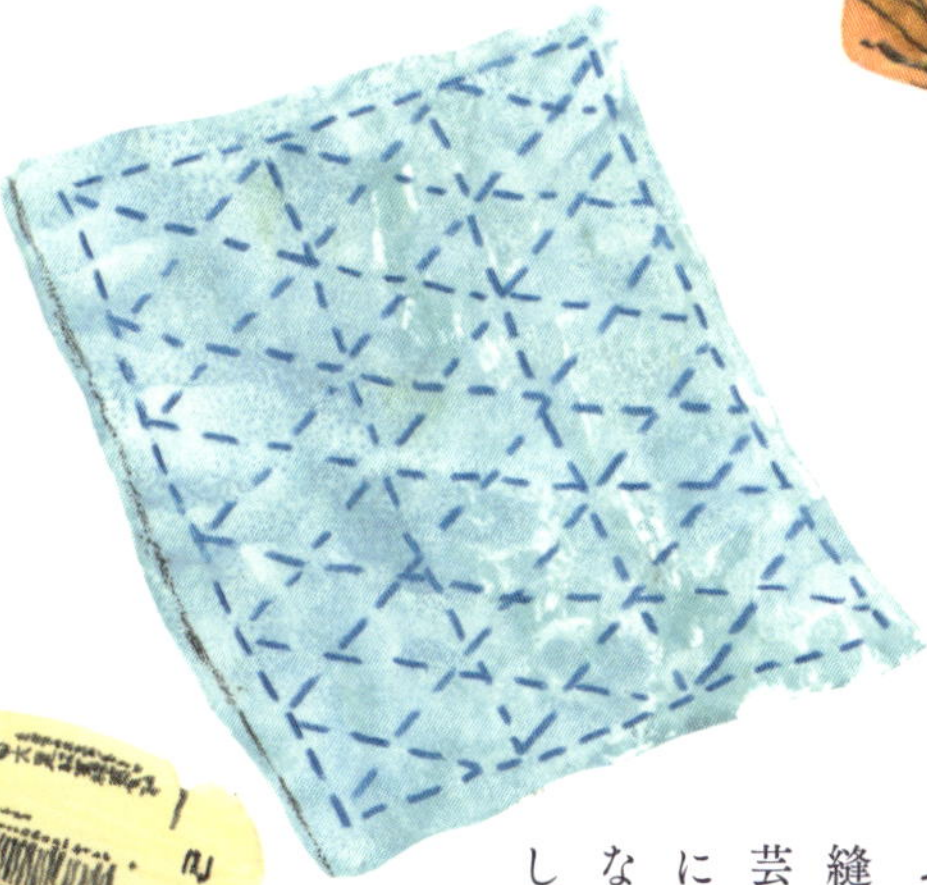

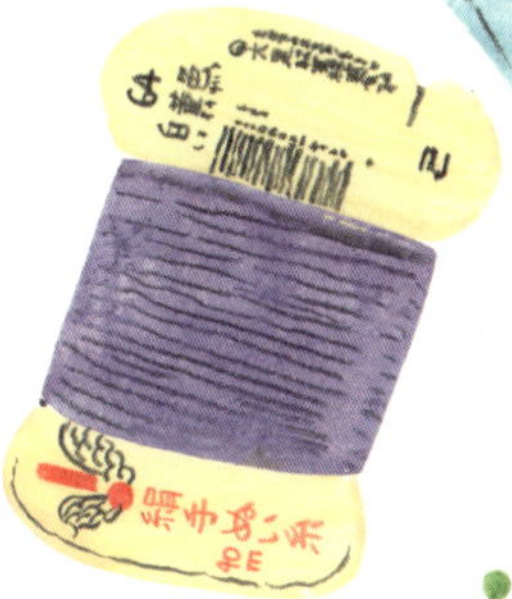

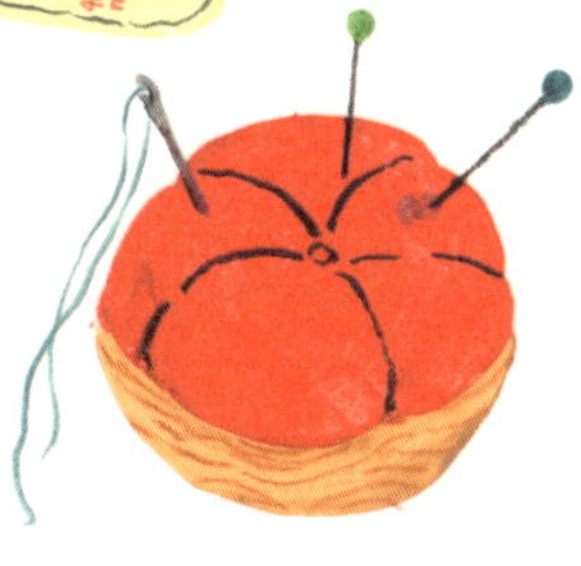

9/4

［九月四日］

手縫い雑巾を刺し子で可愛く

秋の夜長に古いタオルを再活用した手縫いの雑巾作りを。縫い目を模様にする日本の伝統手芸、刺し子で雑巾を作ると、簡単に可愛らしい仕上がりに。手縫いならではの肌ざわりのやわらかさ、しぼりやすさも魅力です。

9/5

[九月五日]

鰯雲《いわしぐも》に向かって深呼吸

青空の高所に浮かぶ鰯雲は、小さな雲の大群が魚の鱗《うろこ》のようにも見え、鱗雲《うろこぐも》とも呼ばれます。秋らしい鰯雲に向かって深呼吸すると気持ちも晴れ晴れとします。ただし、鰯雲は天気が下り坂に向かうサイン。気象情報の確認を。

9/6

[九月六日]

キンモクセイのつぼみを探しに

キンモクセイは江戸時代に中国から伝わり、「金」が縁起がよく、長寿や幸運を象徴するため、家や寺社などに植えられるようになりました。秋のはじめからつぼみが大きくなり始め、9月下旬、小さな橙色《だいだい》の花を咲かせると、風に乗って甘い香りが遠くまで漂います。秋はキンモクセイの香りを探しながらお散歩を楽しんで。

9/7

[九月七日]

草木に降りる露に目を留めてみる

二十四節気の「白露《はくろ》」の頃です。白露の名は草木に降りた露が朝日で白く見えることに由来します。都会はまだ暑くても、山間部ではそろそろ夜の気温がぐっと下がり、翌朝にはそんな様子が見られます。

9/8

[九月八日]

重陽《ちょうよう》の節句は菊の美容水を

中国では9は最も縁起のいい数とされ、9が重なる9月9日を「重陽」といいます。その前日、不老長寿の象徴とされる菊の花に綿をかぶせ、菊の朝露で濡れた綿で顔や体をふくとアンチエイジング効果があるとされました。「菊の着せ綿《わた》」は和歌や日本画の題材にも。

9/9

[九月九日]

菊づくしで長寿祈願

重陽の日に菊の花を浮かべた菊酒を飲んで不老長寿を祈る風習は、中国に始まり、日本では平安時代に貴族の間で広く楽しまれ定着しました。江戸時代には庶民も菊酒を飲んだり、菊を鑑賞したりするように。実家では祖母が菊の画を飾り、器や菓子も菊で揃えた菊づくしで、お客様や家族の不老長寿を祈っていました。

9/10

［九月十日］

あふれるほどの秋草で野趣を楽しむ

「秋の七草」とは、『万葉集』の山上憶良《やまのうえのおくら》の和歌に詠まれたはぎ、おばな（すすき）、ききょう、くずばな（くず）、なでしこ、おみなえし、ふじばかま。祖母はこうした秋草を何種類かとりまぜ、花器からあふれるほどにいけ、家で秋の野の雰囲気を楽しんでいました。

9/11

［九月十一日］

七輪でさんまを焼く

新さんまがスーパーに並び始めます。私の実家ではさんまは七輪で焼くものでした。七輪とは土製の簡易コンロで、中に炭を入れて使います。七輪に網をのせ炭火でさんまを焼くと、脂で煙がもくもくと立ち、そのにおいもたまりません。なお、七輪で魚を焼く際はあらかじめ熱した網にレモン汁か酢を塗っておくと、クエン酸の作用で魚の皮が網にくっつきにくくなります。また、塩はまんべんなくかかるよう、高い位置から振ります。

9/12

［九月十二日］

栗を蒸して自然の甘みを味わう

栗の木はかつて日本の庭によく見られた木の一つ。子どもの頃、秋のおやつに蒸し栗をよくいただいたものです。大きな粒の栗を、蒸し器で1時間近くじっくりと蒸すと、ほくほくとした蒸し栗に。自然のやさしい甘みは、いくつ食べても飽きません。時間がないときは圧力鍋で。

9/13

［九月十三日］

おにぎりを竹の皮で包む

遠足などの日、祖母が作ってくれたおにぎりは、竹の皮に包まれていました。竹の皮は笹の葉と同じく抗菌作用と適度な通気性があり、衛生面ですぐれています。表面はすべすべした膜に覆われているので、ご飯がくっつかないというメリットも。祖母は庭の竹の葉を使っていましたが、市販品もあります。市販品は30分程度水にひたしてから使用を。

9/14

［九月十四日］

ススキを飾ってお月見

「十五夜のお月見」とは旧暦8月15日の月を愛でること。旧暦では7月を初秋、8月を仲秋、9月を晩秋とし、仲秋の月が最も美しいとされます。お月見にススキを飾るのは稲穂のかわりとも、鋭い切り口が魔除けになるためとも。この時期に収穫される里芋をお供えすることから「芋名月」とも呼ばれ、里芋をはじめ、栗やさつまいも、秋なす、ぶどうなどこの時期の野菜や果物などをススキとともに飾り、豊作を感謝します。

9/15

［九月十五日］

新旧のお菓子でお月見を

お月見では満月にちなんで丸いお団子を飾りますがや丸い形のクッキーやチョコレートを月見団子に見立てて飾っても、いつもとちょっと違うモダンなお月見に。ちなみに月見団子がまん丸以外の形の地域も。静岡の一部では中央がへこんだ形の「へそもち」を飾り、関西では「芋名月」にちなみ里芋のような、しずく形の月見団子も。

9/16 敬老の日の贈り物には手紙を添えて

［九月十六日］

子ども時代、敬老の日には毎年祖母に手紙を渡していました。「いつもありがとう」「元気でいてください」など簡単な内容でしたが、いつもとても喜んでもらえました。大人になった今は、両親や義理の両親への贈り物に子どもからのメッセージを添えています。

9/17 影絵遊びで童心に返る

［九月十七日］

子どもの頃、月の明るい夜は部屋の電灯を消し、障子を挟んでキツネ、ウサギなどの形を手の影で作って当てっこをしたものです。今も障子のかわりに白い壁を使って子どもと影絵遊びをすると、童心に返ります。

9/18 毎日の水かえでコスモスを元気に

［九月十八日］

切り花にするとクタッとしやすいコスモスは、家で飾る前に水の中で茎を斜めにカットすると水のあがりがよくなります。毎日水をかえ、さらに茎の先端を数ミリ切ってあげると雑菌が繁殖しにくく、長もちします。

9/19

柿は十字に切ってへたをとる

［九月十九日］

柿はへたを上にして、葉の切れ目を目印に十字に包丁を入れ、実を4つに分けながらへたもとり、一つずつ皮をむきます。熟しすぎた柿はカットしにくいので冷凍し、シャーベット状でいただきます。

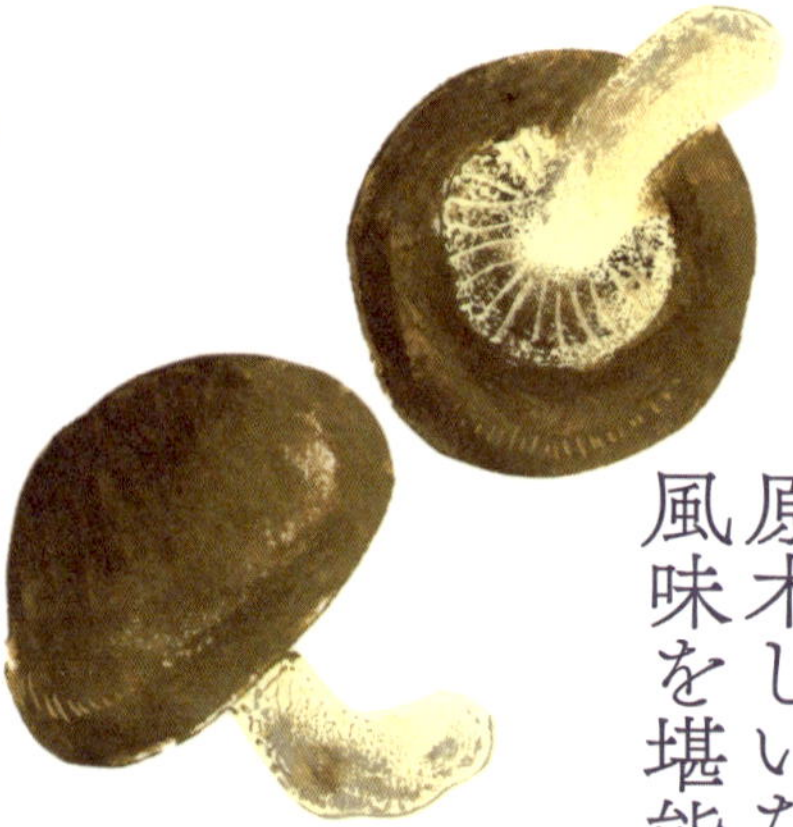

9/20

原木しいたけの風味を堪能

［九月二十日］

市販のしいたけの多くは、おがくずなどを菌床にして栽培されますが、原木しいたけはクヌギやナラの木に種菌を植え、約2年かけて自然の環境で育てられます。実家で食べるしいたけはすべて自宅で原木栽培したものでした。香りと味わい、歯ごたえが力強く、ソテーや天ぷらにぴったりです。栽培キットを使えば、都市部の庭でも栽培できます。育てる楽しみの先に食べる楽しみが待っていますよ。

9/21

［九月二十一日］

正しいマナーでご飯を美しくいただく

食欲の秋、お米のおいしさとご飯をいただくマナーを再確認しましょう。飯碗を両手で持ち上げ、左手の親指以外の4本の指を揃えて高台（底のでっぱり）を下から支え、親指を縁に添え、右手を離します。箸を右手で上から取り、碗を持った左手の人差し指と中指の間に先のほうを入れ、右手をすべらせるようにして手のひらが上を向くように持ちかえます。碗と箸をおろすときは逆の手順で。碗は必ず手に持ち、ご飯は箸で持ち上げて口に運びます。ご飯をかき込んだり、上におかずをのせたりしないのがマナー。おかわりをお願いするときは一口だけ残して差し出されたお盆の上に置いて。一口残すのは縁をつなぐ意味があると祖母に教わりました。

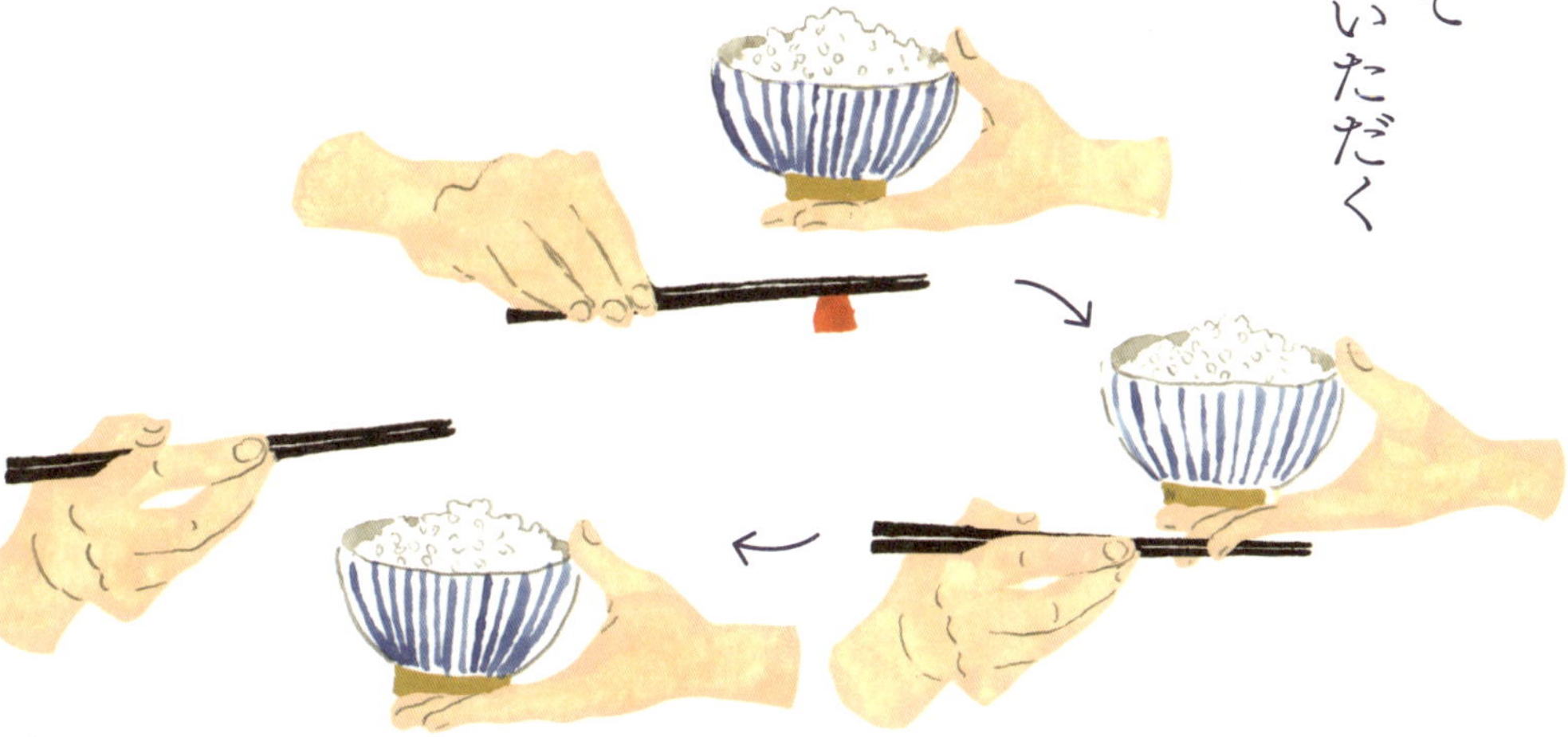

9/22

［九月二十二日］

ワレモコウを籠にいける

細い茎の先に赤紫の花穂をつけるワレモコウは、『源氏物語』に登場するなど、古くから秋らしい植物として親しまれてきました。籠にほかの秋草と一緒に飾るほか、乾燥しても色褪せないのでドライフラワーにも。

9/23

［九月二十三日］

秋分の日にエアコン掃除を

「暑さ寒さも彼岸まで」ということわざどおり、暑さもひと段落の時期。働きづめだったエアコンや扇風機を掃除するには絶好のタイミングです。さらに窓や水回り、収納などの掃除も頑張ると秋がいっそう爽やかに感じられるうえ、年末の大掃除も楽に。

9/24

秋祭りのお囃子《はやし》に耳をすます

［九月二十四日］

秋は収穫を神に感謝するため大小の秋祭りが各地で行われます。地元だけでなく、旅先でふと祭囃子を耳にすることも。近くで聞くとにぎやかな笛や太鼓の音色ですが、遠ざかってしまうと辺りは急にしんみりと寂しくなり、秋が深まる思いがします。

9/25

ひやおろしと秋の味覚で舌鼓

［九月二十五日］

「ひやおろし」とは、冬に仕込んだ日本酒を、春に一度だけ火入れ（加熱殺菌）して貯蔵、夏の間熟成させて秋に出荷されるお酒のこと。おだやかな香りとまろやかな風味の、秋だけの味わいです。さんまや里芋、銀杏など秋の味覚と楽しみましょう。

9/26

彼岸蕎麦《ひがんそば》で胃腸をいたわる

［九月二十六日］

蕎麦の産地である信州や出雲《いずも》地方などでは、春分・秋分の時期に蕎麦を食べる「彼岸蕎麦」という風習があります。ご先祖をお参りする時期でもあり、彼岸蕎麦では魚介や肉の天ぷらなどをつけず精進料理として食べることが多いとか。体調をくずしやすい季節の変わり目に、胃腸にやさしい食べ物で体をいたわる昔ながらの知恵です。

9/27

くるみを秋の食卓に

［九月二十七日］

9月下旬〜10月頃にくるみの緑色の実が割れると、茶色の殻が顔をのぞかせます。殻を乾燥させてから割り、中の種子をスイーツなどに使いますが、サラダ、野菜の和え物、中華の炒め物などにもぴったり。和洋中で活躍します。

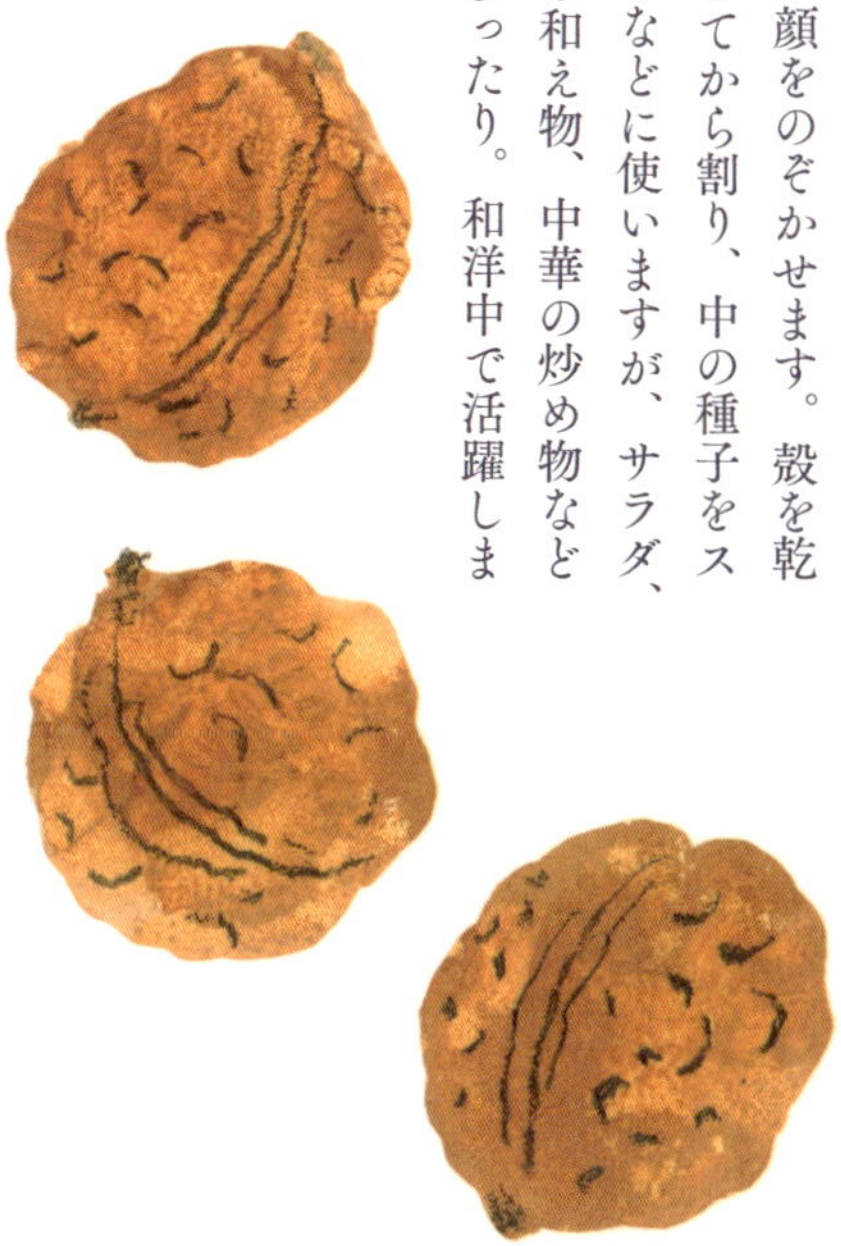

9/28

あけびを探しに秋の山へ

［九月二十八日］

秋の里山ではあけびの紫の実が見られます。あけびは食べ頃になると実がぱっくり開くことがその名の由来とも。私も子どもの頃は、裏山で食べ頃のあけびを探し回りました。半透明の果肉にはやさしい甘みがあり、都会で売られているのを見ると、郷愁がそそられます。

9/29

キャンプで焚き火を囲む

［九月二十九日］

秋はキャンプにも快適な時期。家族や友達と焚き火を囲むといつも以上に互いの心が近づきます。キャンプの夜、温かな飲み物を飲み、星空を観察しながら、語り合ってみては。

9/30

虫の冬じたくを観察する

［九月三十日］

9月の末は、山間部や北海道などでは最低気温が10度を下回る日も。七十二候の「蟄虫《むしかくれて》坏戸《とをふさぐ》」は、虫たちの冬じたくに注目したもの。カマキリやバッタは恋の季節を経て産卵シーズンに。これから11月頃にかけてアゲハチョウは幼虫から越冬サナギとなり、テントウムシは越冬場所への移動を始めます。そんな虫たちを野や庭で見つけては、自然のたくましさに感心しました。

OCTOBER

10月

神無月

［かんなづき・かみなづき・かみなしづき］

全国の神々が旧暦10月に出雲《いずも》に集まり、各地の神社から神々がいなくなる、という伝承が語源です。「神去月《かみさりづき》」とも。神々を迎える出雲には「神在《かみあり》月《づき》」という別称が。旧暦10月は冬の始まりにあたり、「初霜月《はつしもづき》」「時雨月《しぐれづき》」「木葉月《このはづき》」とも。また、古代中国で「十」は満ち足りた数字とされ、「良月《りょうげつ》」の名も。

10/1

「神無月」の始まりに出雲の神々に思いをはせる

［十月一日］

全国の神々は10月に出雲に集まるとされることから、10月は「神無月」と呼ばれます。神々は出雲大社に集まり、神々にしか決められないことについて相談するとか。その中には男女の縁のこともあり、出雲大社は縁結びの神様として有名です。なお、神様を迎える行事が出雲大社で行われるのは旧暦10月、新暦の11月です。

10/2

俳句作りに挑戦

［十月二日］

俳句に親しんでいた祖母は、「秋は好きな季語が多く、俳句を作るのが楽しい」と言っていました。私も子ども時代は祖母の指導のもとで俳句を作っていました。今も季語を集めた歳時記を読むのは大好きで、目にした季語から一句思いついて書き留めることも。秋の季語には「鰯雲」「赤とんぼ」「夜長」「星月夜」、10月7日頃までの仲秋の時期は「コスモス」「秋なす」「初鴨」「濁り酒」など、イメージの湧きやすいものがたくさん。まずは自由に、秋の情景や出来事を五七五で表現してみては。

10/3

野に残る秋の花を花屏風《びょうぶ》に

［十月三日］

花屏風とは屏風の形をした花器のこと。屏風に花の絵を描くように、枠に連なる花器に季節の花を自由に飾ります。この時期にはお気に入りの秋草図屏風をイメージして、野原に咲いている秋の花々をいけています。竹細工の虫や虫籠を一緒に飾るのも秋らしいですね。

10/4

［十月四日］

秋の草刈りで庭をすっきりと

夏に次々と生えていた雑草も、秋になると少し元気がなくなってきます。このタイミングで草刈りをしておくと、秋に種を飛ばす雑草の増加を抑えることができます。ヨモギやドクダミのような地下茎で増える植物も、地下茎にエネルギーを蓄えようとしている今の時期に刈っておきましょう。

10/5

［十月五日］

「ひっつき虫」の思い出を懐かしむ

秋の野山を歩いているとイノコヅチ、オオオナモミ、アメリカセンダングサなどの実が、服や靴などにくっついてきます。これらの植物は動物や人間に種をより遠くに運んでもらおうと、繊維にひっかかるトゲや毛を持っているのです。私たちきょうだいは「ひっつき虫」と呼んで体にくっついた数を競っていましたが、ひとつずつ取るのは大変で母を困らせていました。

10/6

シンプルな煮つけでかぼちゃを味わう

［十月六日］

かぼちゃは盛夏に収穫のピークを迎えますが、その後2カ月ほど追熟すると水分が抜けて甘さが増し、よりおいしくなります。つまり、今の時期こそがかぼちゃの旬。現在国内で最も流通量が多い栗かぼちゃ、あるいは西洋かぼちゃと呼ばれる種類は、もともと甘いタイプですが、旬にはさらに甘くなります。アレンジ自在のかぼちゃを、まずはシンプルな煮つけでその甘さを堪能したいですね。

10/7

行楽の待ち時間は「しりとり」で盛り上がる

［十月七日］

行楽時期、出先で行列に並ぶときなど、昭和の親子はしりとりで時間をつぶしたもの。「生きものの名前」「カタカナ言葉」などのテーマを設けると、今でも盛り上がります。子どもにとっては言葉の勉強にも。たまにはスマホを置いて、みんなで「しりとり」を。

10/8

渡り鳥を秋空に探す

［十月八日］

七十二候では「鴻雁来《こうがんきたる》」に。これからが本格的な渡り鳥のシーズン。秋空に渡り鳥を見つけると、秋の深まりを感じます。近年は地球温暖化の影響からか、渡り鳥が日本に来る時期は遅く、帰る時期は早くなっているとか。いつもどおりに渡り鳥が来ているか、見守りたいですね。

10/9

［十月九日］

家を守る神様に感謝を

日本には家を守るさまざまな神様がいるとされています。場所ごとにお札を貼り、家内安全を願う風習も。「荒神《こうじん》様」と呼ばれる三宝荒神《さんぼうこうじん》は、火で邪を懲らしめるといわれ、かまどの神様として台所にお札を貼ります。また、不浄を転じて清浄とする烏枢沙摩《うすさま》明王《みょうおう》は、トイレの守護神として親しまれています。鬼の姿で描かれ「角大師《つのだいし》」とも呼ばれる元三大師《がんざんだいし》のお札は、玄関に貼ると家全体の厄除けになるといわれます。

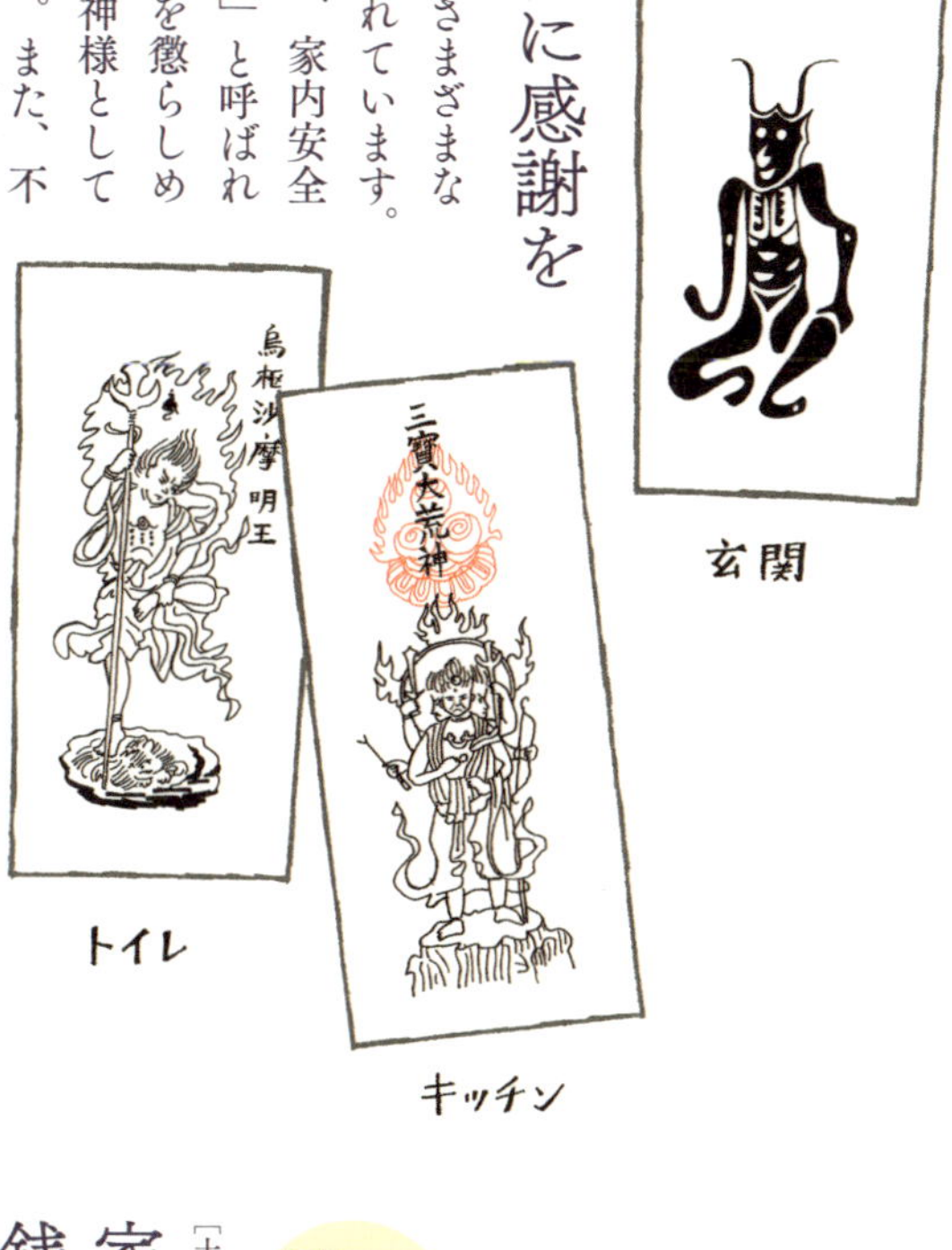

10/10

［十月十日］

家族でゆったり銭湯につかりに行く

10月10日は語呂合わせで「銭湯の日」とされます。私の故郷の鹿児島は温泉が多く、家族で源泉かけ流しの銭湯をよく楽しんでいました。温泉でなくとも、大きなお風呂に家族で入るのは楽しいもの。近所の銭湯にみんなで出かけてみては。

10/11

旬の紅玉を焼きりんごに

［十月十一日］

りんごの中でも酸味が強く、実が引き締まっている紅玉は、スイーツの材料にうってつけの品種です。私の実家では紅玉をいただくと、母が焼きりんごを作ってくれました。芯をくりぬいた紅玉に砂糖、バター、シナモンパウダーを詰めてオーブンで焼いていると、家中に甘い香りが漂ったものです。

10/12

茶筒のよさを再発見

［十月十二日］

茶筒は、文字どおり、茶葉を保存するための筒形の容器です。ガラスの器やビニール袋でも代用できますが、茶葉の保存には光が当たらない密封容器が望ましく、伝統的な茶筒がやはりベスト。上手な職人さんが手がけた茶筒は、蓋が本体に吸いつくようにピタッとはまり、長く気持ちよく使えます。日本茶以外の茶葉はもちろん、焼き海苔やお菓子などの保存にもおすすめです。

10/13

金継《きんつ》ぎでお気に入りの器を長く使う

［十月十二日］

欠けたり割れたりした器に漆を塗って接着し、接着面に金粉を蒔《ま》いて装飾とする「金継ぎ」は、近年は外国の人々にも知られるようになってきました。リユースするだけではなく、継いだことで新たにつくられる器の表情を愛でるという、ポジティブな発想が新鮮に受け止められているようです。祖母も自分で金継ぎをしていて、私たちに繕うことで生まれる美しさを教えてくれました。

10/14

さつまいもを手作りスイーツに

[十月十四日]

5～6月に植えられたさつまいもの収穫が始まっています。現在、国内で栽培されるさつまいもの品種の数は60以上におよぶそうです。私がとくに好きな品種は、種子島の名産品、安納《あんのう》芋です。甘みが強く、加熱するとねっとり濃厚な食感になり、モンブランにしても絶品です。鹿児島の霧《きり》島《しま》産の抹茶と安納芋のモンブランの組み合わせを、ぜひ一度試してみてください。

10/15

行灯《あんどん》ライトで秋の夜長を過ごす

[十月十五日]

秋の夜長は、あかりにこだわりたいもの。私のお気に入りは行灯ライトです。江戸時代に発展した行灯は、手提げタイプと置きタイプがあり、光源である油皿の周囲を和紙などで囲む構造になっています。和紙の役目は風よけと光を拡散させること。電球を光源にした現代の行灯でも和紙のおかげで光がやさしく、おだやかな時間を演出してくれます。

10/16

［十月十六日］

気軽に燻製作りを

アウトドア遊びに快適な時期、バーベキューを楽しむ際に燻製作りに挑戦しては。私の実家では、魚介や肉を塩漬けにし、ナラやカシの木切れを燃やして燻製にしていましたが、今はウッドチップで気軽に楽しめます。ミックスナッツやチーズのように塩味のついているものはそのまま燻製にでき、初心者におすすめです。

10/17

［十月十七日］

今だけのシシャモを堪能する

北海道の十《と》勝川《かちがわ》河口などでシシャモ漁が始まる時期。現在シシャモとして市販される魚の多くは、キュウリウオまたはカラフトシシャモで、本シシャモとも呼ばれる日本固有種のシシャモは、秋の産卵期の約1カ月だけ漁が行われますが、現在は漁獲量が少なく、貴重な魚。生のシシャモを味わうために北海道を訪れる人もいるそうです。卵に栄養をとられない分、オスのほうがおいしいとも。

10/18

［十月十八日］

秋の味覚を炊き込みご飯に

秋の味覚には炊き込みご飯に向く食材が数多くあります。栗ご飯、さつまいもご飯、秋鮭ときのこの炊き込みご飯など、定番の炊き込みご飯も、お米の種類やだしをかえてみると、いつもと違う味になって新鮮です。梨ときのこのご飯、いちじくとくるみのご飯など、新しい炊き込みご飯も気になります。

2 3 4 5 6 7 8 9 10 11 12

10/19

［十月十九日］

日々近づいてくる虫の声に耳を傾ける

七十二候の「蟋蟀在戸《きりぎりすとにあり》」の時期です。「きりぎりす」は今でいうコオロギなど鳴く虫のこと。中国では夏は野にいたコオロギが秋になると家に近づき、晩秋には寝床の下に来るといわれ、詩にも詠まれてきました。秋が深まるにつれ近づいてくるコオロギの声に、耳を澄ましてみましょう。

10/20

［十月二十日］

恵比寿講《えびすこう》に商売繁盛を祈る

恵比寿講とは、人々に福を授ける神、恵比寿様に感謝し、商売繁盛を祈願する行事で、関西では主に1月10日、関東では主に10月（一部地域では11月）と1月の20日に行われます。家庭でも、恵比寿像にお酒、尾頭つきの鯛やさんま、野菜の煮物、けんちん汁、お赤飯や、秋は新米などをお供えして、恵比寿様をもてなします。「えべっさん」「おいべっさん」と親しまれ、福笹や熊手など縁起物も販売される各地のお祭りも訪問してみたいですね。

10/21

［十月二十一日］

オリオン座流星群に願い事を

オリオン座流星群の活動がピークを迎える時期です。私の地元は星がよく見えることで知られ、室内の照明を消し縁側から夜空を仰ぐと、肉眼でオリオン座流星群を見ることができました。流れ星を見つけるコツは、なるべく広い範囲をゆったりと見ることです。また、流れ星は急に落ちてきて、見つけたと思ったら消えてしまうので、願い事はあらかじめ心の中に準備しておきましょう。

10/22

［十月二十二日］

里芋の「きぬかつぎ」をおやつに

今が旬の里芋の小芋を使った料理、「きぬかつぎ」。平安時代頃から上流階級の女性が、単衣《ひとえ》の衣をかぶり顔を隠して外出した姿に似ていることが名前の由来です。里芋はカリウムやアミノ酸が豊富で、ねばねばの成分の一つ、ガラクタンには血糖値上昇を抑える働きや整腸作用があり、ヘルシーなおやつとしておすすめです。

10/23

匂い袋をたんすに忍ばせる

[十月二十三日]

白《びゃく》檀《だん》や丁子《ちょうじ》などの天然香料を常温で香るよう調合し、布や紙製の袋に詰めたものを「匂い袋」といいます。小さな匂い袋は、主に袂《たもと》に入れたり帯締めに下げたりして使います。たんすに入れ、衣装に香りを移すことも古くから行われてきました。引き出しに入れ、便箋に香りを移すと、手紙を受けとる側も香りを楽しめます。

10/24

ベストシーズンに着物デビューを

[十月二十四日]

気候がおだやかで、雨の少ない秋は着物のレッスンに最適な季節です。夏は汗のケアが大変ですし、急な雨も心配。一方、冬は襟巻きなど和の防寒用品が必要になりますが、今の時期なら裏地のある袷《あわせ》の色無地と名古屋帯、下着の基本セットがあれば大丈夫。色無地はコーディネートがしやすく便利です。最初のうちは着崩れが心配なので、短時間の外出からチャレンジを。着付けが上達するうちに、ラクになってくるでしょう。

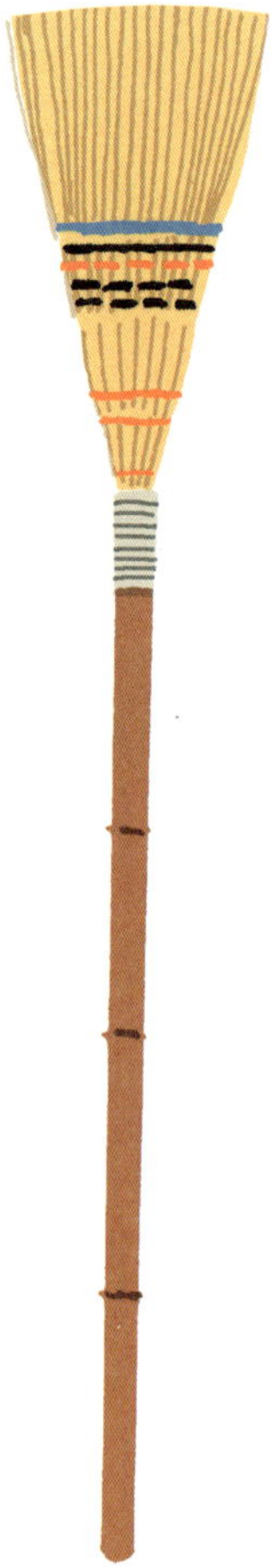

10/25

ほうきのおまじないで幸運を呼び込む

［十月二十五日］

西洋の魔女はほうきで空を飛びますが、日本のほうきには「ほうき神《がみ》」が宿るといい、ほうきで妊婦のおなかをなでたり、出産の際にほうきを立てておいたりすると安産になるといいます。ほうきが「掃き出す」「払う」ものであることから、玄関に飾ると邪気を払うともいわれます。逆さに立てれば、長居するお客様に早くお帰りいただくおまじないになるとも。

10/26

コーヒーを丁寧に淹れてみる

［十月二十六日］

秋の一日はコーヒーを豆から挽いて、じっくり丁寧に淹れてみてはいかがでしょうか。口の細いケトルで沸かしたお湯を、フィルターに入れた挽きたての粉に少量注ぎ、20～30秒蒸らすと、粉がふんわり膨らみます。そこにお湯を「の」の字を描くように静かに注ぐと、香り高い一杯に。各地のロースタリーから自慢の豆をとり寄せ、あれこれ楽しんでも。

10/27

鮭ときのこで秋の副菜を

［十月二十七日］

脂ののった秋鮭と淡泊なきのこは、相性ぴったりの組み合わせ。ご飯にもパンにも合う名コンビです。鮭ときのこをバターとともにアルミホイルで包んで蒸し焼きにするホイル焼きや、きのこと鮭のクリーム煮などが定番レシピ。マヨネーズやチーズをのせて焼いたり、焼きマリネにしたりしても美味。新鮮なパセリを散らすと鮭のピンクがより映えます。

10/28 [十月二十八日]

拾った木の実を素朴なリースに

野バラの実やモミの実、松ぼっくり、ツバキの実の殻や木の枝を、まるくしたワイヤーにつけて、素朴なリースに。明るい色がほしいときはアクリル絵の具で彩色します。実には虫がついている場合があるので煮沸処理などを。

10/29 [十月二十九日]

色づいた落ち葉をスケッチする

秋の休日は、色鮮やかな落ち葉のスケッチを。一枚一枚色が違い、何枚描いても飽きることがありません。はがきサイズの画仙紙に描いて文字を添え、絵手紙として親しい人に送っても喜ばれます。

10/30

[十月三十日]

卵かけご飯をアレンジしてみる

10月30日は「たまごかけごはんの日」という記念日だそう。卵かけご飯は、生卵を安心して食べられる日本ならではのごちそう。じゃこや明太子、ツナ、納豆、キムチ、チーズと、さまざまな具や味付けを受け入れる懐の深い料理です。家族がそれぞれのアレンジレシピを楽しむ日に。

10/31

[十月三十一日]

和菓子で大人のハロウィーン

ケルト人の収穫祭が起源というハロウィーンは、日本では魔女やモンスターの仮装を楽しむ日として定着。和菓子屋さんにもおばけやかぼちゃの形の干菓子や生菓子が並びます。この時期に気の置けないお客様を迎えるなら、和菓子で大人のハロウィーンを楽しんではいかがでしょうか。夜の闇を思わせる黒い陶器や金属製など、ちょっとダークな器でよりハロウィーンらしい雰囲気に。

11／月

霜月

［しもつき］

旧暦11月はよく霜が降りるため、「霜降月《しもふりづき》」とも。「露《つゆ》隠《ごもりの》葉月《はづき》」は、空気中の水蒸気が露にならず霜になることを表す異称。初雪にちなみ、「雪待月《ゆきまちづき》」「雪見月《ゆきみづき》」の名も。また、10月に出雲に旅立った神々が帰ってくるとされ、「神帰月《かみかえりづき》」「神来月《かみきづき》」とも。「神楽月《かぐらづき》」の名は、この時期各地で奉納される神楽に由来します。

11/1 陶板に和菓子をのせ秋のおもてなし

［十一月一日］

秋の深まりを感じる時期、おもてなしの器には、土の味わいが温かく、どっしりとした重みがある陶板がぴったり。たとえばイチョウの干菓子をのせ、道を黄色に染めるイチョウの風情を、一足早く楽しんで味わいます。

11/2 現代語訳で『源氏物語』を読む

［十一月二日］

読書の秋に、現代語訳で『源氏物語』にふれてみませんか。何人もの作家が現代語訳を手がけていて、自分好みの訳を探す楽しみも。『源氏物語』は美術や芸能にも影響をおよぼした作品。大人の教養としてもおすすめです。

11/3 文化の日は着物で美術館へ

［十一月三日］

文化の日は多くの公立美術館などで無料公開が行われます。この機会に着物を着て美術館巡りを楽しんでみては。おしゃれなミュージアムカフェや美術館の庭園でも着物はとても映えますよ。

11/4

［十一月四日］

炉《ろ》開《びら》きの季節はぜんざいを

茶道では旧暦十月の最初の亥の日に「炉開き」という行事が行われます。約半年の間塞いでいた茶室の囲炉裏《いろり》の火をおこし、その年に摘まれた新茶をいただく喜びを分かち合うことから、「茶人の正月」とも呼ばれます。裏千家では、炉開きにぜんざいをいただくことから、この時期はお茶席以外でもぜんざいを楽しんでいます。ぜんざいは漢字では「善哉」と書き、縁起のよさも炉開きにぴったりです。

11/5

［十一月五日］

生姜湿布で冷えの養生

露地栽培の生姜の旬は秋。生姜に含まれるジンゲロールという辛み成分には血流をよくする働きがあり、生姜で冷えを改善する湿布が作れます。すりおろした生姜を包んだ木綿布を、70～80度の湯にひたし、エキスを湯にしみ出させます。そのお湯にひたしたタオルをしぼって、おなかなど冷えを感じる場所に10分程度のせます。肩こり対策にも効果的。

11/6

［十一月六日］

ムラサキシキブを陶器の花器に

紫の実が秋の庭のアクセントになるムラサキシキブ。名前は『源氏物語』の作者に由来します。切り花として飾る際は、陶器の花器に2本ほどいけ、秋風に揺れるような侘び感の演出を。高貴な色とされる紫の実を活かすため、葉は適宜落としてもいいでしょう。

11/7

［十一月七日］

お火焚《ひた》きで厄除け祈願の旅へ

京都の神社や寺院では11月に「お火焚き」の神事が行われます。江戸時代からの風習で、収穫への感謝や厄除け祈願の意味があるともいわれます。伏見《ふしみ》稲荷《いなり》大《たい》社《しゃ》では11月8日に、神田でとれた稲の藁を、願い事が書かれた火焚串とともに焚き上げます。「お火焚きまんじゅう」や、残り火で焼いたみかん、おこしを供え、息災と火の用心を祈ります。

11/8

［十一月八日］

サザンカの彩りを秋の街に探す

花の少ない立冬の時期、美しい紅や白の花で人目を引くのがサザンカ。童謡『たきび』に歌われたとおり、サザンカは生垣によく用いられ、花が散る際に花びらのじゅうたんで人々を楽しませてくれます。

11/9

［十一月九日］

ラ・フランスは軸のまわりがややわらかくなると食べ頃

濃厚な甘さとなめらかさ、気品ある香りから「果物の女王」と呼ばれるラ・フランス。まだかたい場合は常温保存で追熟を。軸のまわりにシワが寄り、耳たぶ程度にやわらかくなると食べ頃。皮をむいた身のやさしい白さには、艶やかな漆や、朴訥《ぼくとつ》とした陶の器が似合います。

11/10

屏風を立ててお客様を迎える

［十一月十日］

もともとは風を防ぐための調度品だった屏風。昭和の時代にはラタン編みの屏風が人気でした。現在屏風を使う家は少ないですが、いまどきの開放的なＬＤＫの目隠しや間仕切りにおすすめのアイテムです。客間がなくてもＬＤＫの一角に屏風を立てれば、お客様用スペースに。日本画の屏風と洋のインテリアのミックスコーディネートも素敵です。

11/11

時雨《しぐれ》の香りを楽しむ

［十一月十一日］

雨が降ると土中にしみ込んだ植物の成分やオゾンが立ち上がり、雨のにおいとして感じられます。晩秋から初冬の、降ったり止んだりする小雨を「時雨」といいますが、時雨の日には枯れ葉の香りがより強く感じられ、しみじみとした風情を味わうことができます。

11/12

手袋とマフラーを編み始める

［十一月十二日］

晩秋から初冬にかけて吹く強い北風を「木枯らし」といいます。木枯らしが吹く頃に恋しくなるのは、祖母が編んでくれたマフラーや手袋。空気をふっくらと含む手編みならではの温かさが今も心に残っています。近頃は手編みをする人も少なくなりましたが、家族のために、好きな色や柄で編めば、きっと喜ばれるはず。

11/13 まとめ髪にかんざしをさす

［十一月十三日］

かんざしは江戸時代に女性が髷《まげ》を結うようになって発展したアクセサリーです。古くは宮中行事で貴人が木の枝や草花を髪にさしていましたが、それは自然の「気」をとり込むためだったのでは、と祖母は言っていました。私はパーティーにはパール入りや蒔絵《まきえ》のかんざしで和装に華やかさを加えます。洋風のものは、普段使いにも。

11/14 根菜の汁物で体を温かく

［十一月十四日］

この時期の体調管理には、旬を迎える大根、にんじん、ごぼうなどが頼りになります。これらの根菜はビタミンや食物繊維が豊富で、体を温める作用があるとか。煮物や味噌汁などで毎日たっぷりいただきましょう。

11/15

千歳飴で七五三を懐かしむ

［十一月十五日］

七五三の祝いは日本の子育ての風習に由来します。中世から江戸時代の赤ちゃんは髪を剃っていたのですが、3歳で剃るのを止め、5歳で男子の正装が袴になり、女子は7歳から大人と同様に帯を結ったそうです。私の実家では七五三には家族全員で着物を着て神社へ参拝しました。美しい袋に入った千歳飴をいただくのも子どもたちの楽しみでした。名前のとおり、子どもの長寿を願う千歳飴。今はおしゃれなミニサイズのものも売られています。大人へのちょっとした手土産にすれば、「懐かしい」と誰もが笑顔に。

11/16

石油ストーブで煮物をことこと

［十一月十六日］

子ども時代、家に帰ると石油ストーブにかけた鍋から煮物の香りがするのがうれしいものでした。災害時にも活躍するストーブ。戸建てなら1台備えては。換気には注意を。

11/17

小春日和に冬じたく

［十一月十七日］

初冬のおだやかな晴天を、春を思わせるという意味で、「小春日和」といいます。布団を干したり、庭の手入れをしたり、本格的な冬の到来に備えましょう。

11/18

本物の漆の椀を買ってみる

[十一月十八日]

市販の「漆器」の多くは、プラスチックの素地にウレタン樹脂を塗っています。木の素地に天然漆を塗った伝統的な漆器は、値段は高めになりますが、手に軽く、熱伝導率が低いために保温性が高く、使い心地が快適です。傷がついたら修繕して一生つきあえるのも、本物ならではの魅力といえます。

11/19

旅先で古民家巡りを

[十一月十九日]

紅葉狩りに訪れる際は、ぜひその地域の文化財となっている古民家に足を運んでみてください。古い農家には農具なども残され、厳しくも豊かな自然に囲まれた暮らしに想像が膨らみます。また大きな商家では贅を尽くした建具《たてぐ》や調度品にかつての繁栄がしのばれます。そうした生活の痕跡にふれることで、訪れた土地への興味がいっそう深まるでしょう。

11/20 ［十一月二十日］

イチョウ並木に先人を思う

各地のイチョウ並木が色づく季節です。日本では奈良時代より街道筋に樹木が植えられ、都市の近代化にあわせ、今あるような西洋的な並木道が造られました。選ばれた樹種の一つがイチョウです。イチョウは水分を多く含み、関東大震災では火事被害の拡大を食い止めたことから、昭和にイチョウ並木が増えたといいます。イチョウ並木は災害に対する備えを呼びかける先人からのメッセージのようですね。

11/21 ［十一月二十一日］

おはじき遊びで心を養う

子どもの頃、家族でよくおはじき遊びをしました。順番を守り、全体を見て指先に集中するため、「わきまえる力がつく」と祖母に教わりました。大人になった今、おはじきをはじいてみると新しい学びがあるかもしれません。

11/22 ［十一月二十二日］

こたつでみかんをいただく

エアコンが普及していなかった時代、冬の暖房といえば、石油ストーブかこたつでした。実家には掘りごたつがあり、寒い日は家族が自然と集まってきたものです。こたつでみんなで温まりながら、籠に盛ったみかんを食べるのが冬の定番。近年は若い世代のみかん消費量が急激に少なくなっているとか。「こたつにみかん」で家族団らんを楽しみながら、みかん農家を応援したいですね。

11/23

[十一月二十三日]

新嘗祭《にいなめさい》に新米を味わう

宮中の収穫祭にあたる新嘗祭は、古代の民間行事が宮中儀礼になったとされる、非常に古い行事です。現在も新嘗祭では、天皇陛下が自ら田植えをされた稲の新米など、その年収穫された穀物を神々にお供えになり、感謝を捧げられた後、神々と食事をともになさって、翌年の豊作と、国と国民の繁栄を祈られます。戦後の一般社会では、この日は「勤労感謝の日」という国民の休日になりました。日本の暮らしを支える多様な仕事への敬意とともに新米を味わいましょう。

11/24

燗酒《かんざけ》は温度にこだわって

［十一月二十四日］

実家が焼酎の蔵元でしたので、日本酒は私にとって新鮮に感じることが多くあります。燗酒の奥深さもその一つ。50度前後の「熱燗《あつかん》」のほか、55度前後の「飛び切り燗」、45度前後の「上燗」、40度前後の「ぬる燗」、37度前後の「人肌燗」、33度前後の「日向燗《ひなた》」が。同じお酒でもわずかな温度の差で大きく印象が変わるのです。自宅でお酒を温める場合、電子レンジでは温度むらができるので、鍋ややかんでお燗します。

11/25

枯れ花と枯れ葉に侘び寂びを感じる

［十一月二十五日］

枯れた草花を見ると寂しい気持ちになることも。でも、祖母からは「植物はどんな状態でもいけることで季節感を表現できるから、侘び寂びを感じさせる飾り方もいいんだよ」と教わった私は、花器に庭の枯れ花と枯れ葉をさし、冬を迎える思いを託します。西洋の美意識に根ざしたフラワーアレンジメントとは違い、日本の生け花は「引き算の美学」といわれ、「間」を大切にしながら、自由な発想で室礼にとり入れています。

11/26

「いい風呂の日」はクロモジを入浴剤に

［十一月二十六日］

日付の語呂合わせで、「いい風呂の日」とされます。実家では入浴剤として「ふくぎ」と呼ばれるクロモジの枝葉を袋に入れて浮かべていました。クロモジには体を温める作用があり、冷えや肩こりもじんわりほどけます。

11/27

浴室の蒸気でコートのお手入れを

［十一月二十七日］

冬場にコートなどのシワを伸ばしたいときは、入浴後の蒸気の活用を。風呂場につっぱり棒や紐を渡し、服を吊るしておきましょう。シワが伸び、毛並みがふっくらとよみがえり、食べ物などのにおいもとれます。

11/28

暖簾《のれん》を手作りする

［十一月二十八日］

商家が入り口に下げる暖簾は木綿製が一般的ですが、家庭で使うものは着物のリメイクなども。祖母は夏用には麻、冬用には厚手の木綿と、季節ごとに手作りしていました。暖簾で室温が変化するように感じたものです。

11/29

「いい肉の日」は家族ですき焼きを囲む

［十一月二十九日］

日付の語呂合わせで「いい肉の日」とされている日。全国で肉の安売りなどが行われます。私が「いい肉」という言葉でイメージするのは、地元・鹿児島産の黒毛和牛。わが家では黒毛和牛のすき焼きは特別な日のメニュー。庭で飼っていたニワトリの産みたての卵につけるとよりおいしく、家族の会話も弾みました。毎月29日も「肉の日」なのだそう。年齢を重ねるほど重要になる動物性たんぱく質源。記念日にはとくに意識してとりたいものです。

11/30

自家製の沢庵漬けを作る

［十一月三十日］

実家では初冬に沢庵漬け用の大根を干していました。干した大根の水分が抜け、手で曲げられるくらいになったら、糠《ぬか》や塩、砂糖などとともに大きな容器に詰めて漬けます。室内で大根を干す方法もあるそうです。冬の楽しみとして挑戦してみたいですね。

DECEMBER

12月

師走

［しわす］

年末に家々が僧侶を呼んで読経など仏事を営むことから、僧侶（師）が東西へ馳せる「師《し》馳《は》せ月《づき》」に由来するという説が。年の極まる月を意味する「極月《ごくげつ》」「窮月《きゅうげつ》」とも。「除」の漢字に、古いものをとり去り新しいものを迎えるという意味があることから「除月《じょげつ》」とも。また、旧暦12月は晩冬にあたり、「春待《はるまち》月《づき》」の名も。

12/1

[十二月一日]

お歳暮は健康を祈る思いを形に

1年間の感謝の印としてお世話になった方に贈るお歳暮。東日本では11月下旬～12月20日前後、西日本では12月13日～20日前後に贈るのが一般的。贈る品物は相手の家族構成や好みを考慮して選ぶことが大切。寒く多忙な時期、健康を思いやる食材などもいいですね。一度お贈りした方には継続して贈るのがマナー。お中元かお歳暮、どちらかを贈るならお歳暮を優先しましょう。

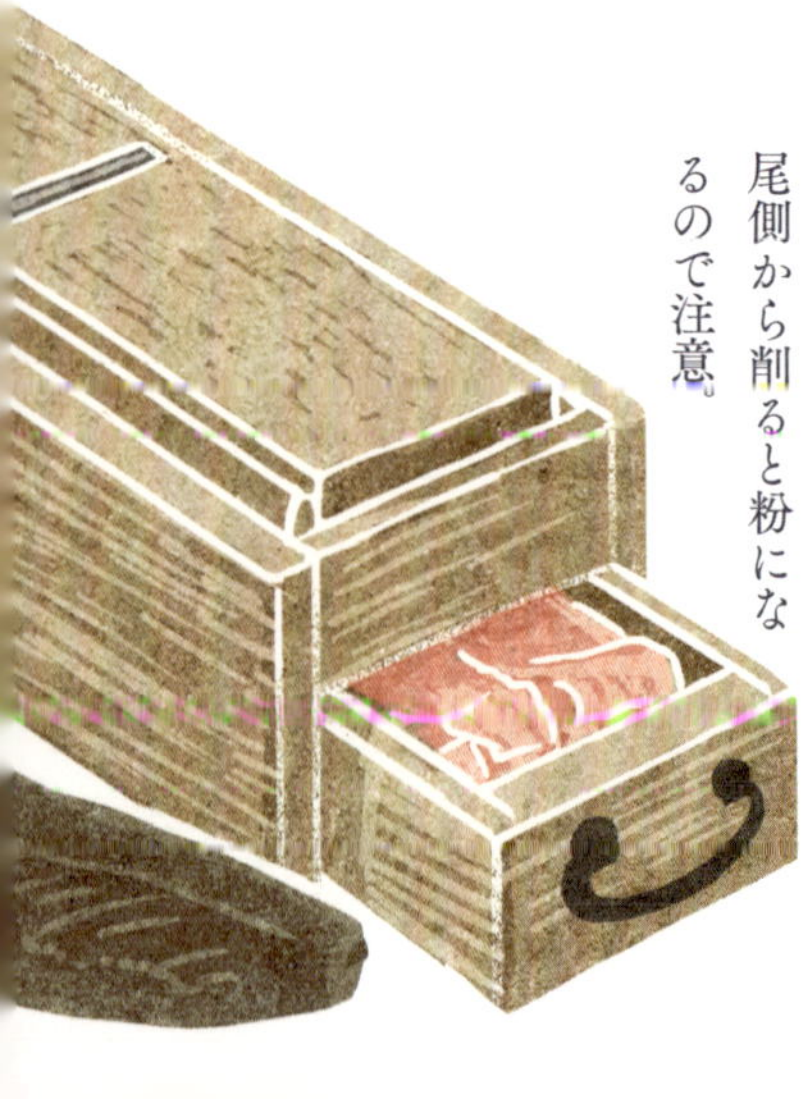

12/2

[十二月二日]

鰹節を家で削る

年末年始は和食を作る回数が多くなる時期。鰹節削り器で削った鰹節で出汁をとると、ぐっと本格的な味に。鰹節には「荒《あら》節《ぶし》」「枯節《かれぶし》」「本枯節《ほんかれぶし》」があり、市販の削り節は荒節を削ったもの。枯節は荒節にカビづけをしたもので、さらに熟成させたものが本枯節です。乾いた布でカビをとり、削り器の刃先を手前に向けます。頭側が手前になるように持ち、手前から奥へ押して削りましょう。頭側を尾側から削ると粉になるので注意。

12/3 鉄瓶で血流改善

［十二月三日］

鉄瓶とは鉄製の湯沸かしのこと。茶道の茶釜から生まれたもので、岩手の南部鉄器のものが有名です。鉄瓶でお湯を沸かすと雑味が鉄に吸着され、お湯の味がまろやかに。近年はお湯に溶け出す鉄分の効果に注目が。鉄瓶で沸かしたお湯でお茶やコーヒーをいれるだけで鉄分の摂取量が増え、貧血予防効果が。寒い時期の血流改善にもおすすめです。

12/4 湯たんぽで自然な眠りを

［十二月四日］

寒くなると、就寝時に足の冷たさが気になって寝つけないことも。それを予防するために、寒い日は就寝の約30分前に湯たんぽをお布団に。ぬくもりがほんわり広がって心もほっと落ち着き、自然に眠りにつけます。温風暖房のような乾燥の心配がなく、電気不要で使える点も便利です。

12/5 和ろうそくの灯りに癒やされる

［十二月五日］

和ろうそくはハゼの木の実の外殻から抽出した油脂を、和紙やイグサを巻いた灯心に塗り重ねて作られます。洋ろうそくに比べ炎が大きく、風がなくても自然に揺らめくのは、芯が太く、中が空洞で空気が流動しているため。オレンジ色の大きな炎が揺らめく様子は風情があります。

12/6

［十二月六日］

忘年会で親睦を深める

「年忘れ」として年末に宴会を楽しむ習慣は、室町時代にすでにあったと考えられています。忘年会などではよく「無礼講で」と言われますが、少々注意が必要です。無礼講とは、お酒を飲む順番などの儀礼を重んじる「礼講」の後で催された、立場の上下をとり払って楽しむ宴会のことで、本来は「礼講」あってのもの。現代の「無礼講」でも、立場をまったく無視していいというわけではないのです。気配りをしながら、親睦を深めましょう。

12/7

［十二月七日］

お酒のつぎ方、つがれ方を知る

宴会で日本酒やビール、ソフトドリンクをつぎ、つがれるときは、両手で瓶やグラスなどを持つのがマナー。つがれるほうは利き手の指を揃えて杯やグラスを持ち、逆の手をそっと底に添えます。つぐときは徳利や瓶の真ん中から下のあたりを上から持ち、逆の手を支えるように添えます。ビールはラベルを上にし、ラベルが見えるように持ちましょう。お酒でもソフトドリンクでも、つぐ、つがれることを会話のきっかけにしてみては。

12/8 握りずしはきれいに一口で
［十二月八日］

握りずしは直接手で持つのも箸を使うのも食事のマナーとして正解です。米粒を落とさないよう、持つときはすしを横にして、ネタの先のほうに醤油を少量だけつけ、ぱくっと一口で。ネタの旨みもしっかり味わえます。いただく順番は、淡泊なネタが先、脂の強いネタは後にするのが一般的です。

12/9 風呂敷で贈り物を包む
［十二月九日］

お歳暮やお土産を持参するときに便利な風呂敷。結び目のある「お使い包み」は日常使いに、改まった席には、結び目を作らない「平包み」と使い分けを。包み方は、風呂敷を裏にして箱を置き、手前の角をかぶせ、先を折り込むまでは共通。平包みは続いて左、右と折り、奥の角をかぶせて余った部分を巻き込みます。お使い包みは、続いて奥の角をかぶせ、左右を真結びに。

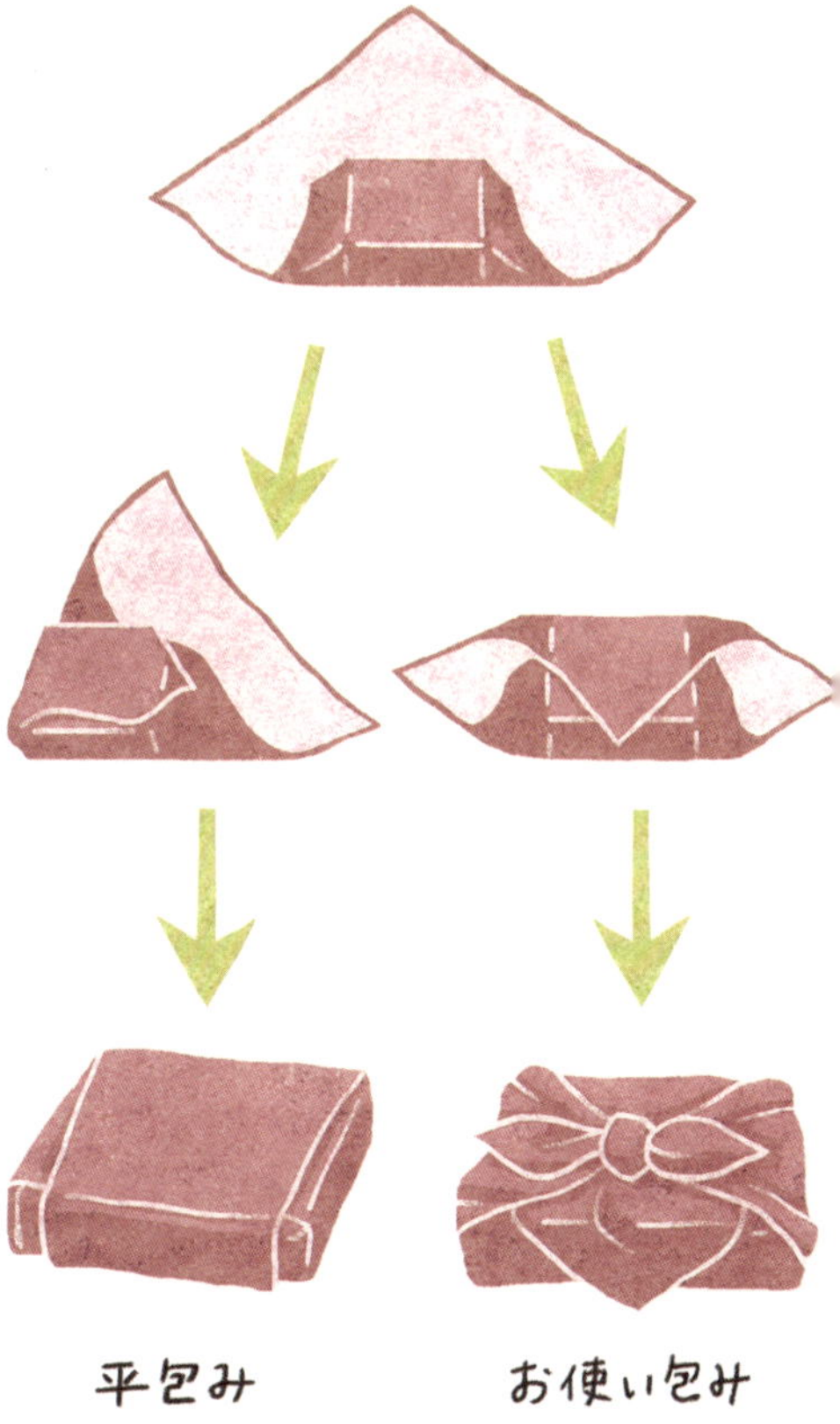

12/10 大根焚《だいこだ》きで冬の京都を味わう

[十二月十日]

師走の年の瀬らしい行事が目白押し。冬の風物詩「大根焚き」などを目当てに足を運んでみては。京都では冬至に大根を食べ、健康を願う風習があり、寺院ではこの時期、大きな鍋で大根を煮てふるまいます。和食店でも京都名産の聖護院《しょうごいん》大根や、青首大根の一種で亀岡《かめおか》市名産の篠《しの》大根の煮物が楽しみな季節です。

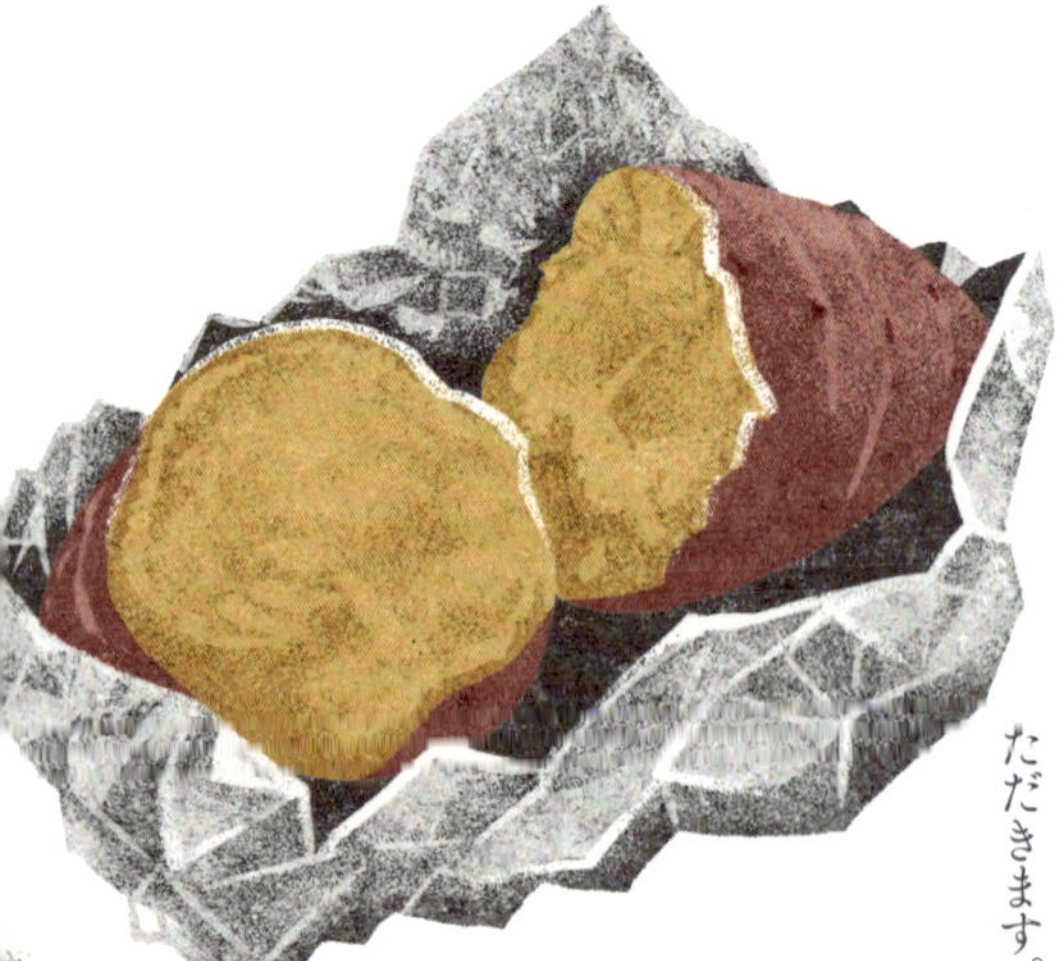

12/11 焚き火を思いつつ焼き芋をほおばる

[十二月十一日]

わが家の冬のおやつといえば焼き芋でした。庭で落ち葉を集めてよく焼いたものです。当時に比べるとさつまいもの品種は増えていて、ますますおいしくなっています。私の一番のお気に入りは種子島名産の安納《あんのう》芋。焼き芋にしたときの蜜の甘さが格別です。自宅では手軽にオーブントースターで焼きますが、落ち葉焚きで焼いたお芋の味を思い出しながらいただきます。

12/12 ［十二月十二日］
年賀状のはがきを手配する

年賀状の受付が始まるのは毎年12月15日。その前には裏面のデザインの決定や住所録の整理など、おおよその準備を済ませておきたいもの。宛名書きも印刷で済ませる場合、裏面には近況報告や相手の健康を気遣う言葉など、手書きのメッセージを添えて。投函は12月25日までが目安です。

12/13 ［十二月十三日］
年末年始のお買い物をリストアップ

12月13日は「正月事始《ことはじ》め」といい、お正月の準備を始める日。クリスマス、お正月と行事が連続する年末年始は、いつもよりショッピングに時間もお金もかかってしまいます。あらかじめ、大掃除に必要なもの、クリスマス用の食材、正月飾り、おせち用の食材、帰省用のお土産、ペット用品など、いつどこで何を買うか計画を立て、多忙な年末年始の時間とお金を節約しましょう。

12/14 ［十二月十四日］
霜柱を踏みしめる

霜柱は土の中の水分が地表に上がって凍ったもので、最低気温が氷点下になるとよく見られます。土の粒子の大きさも関係し、火山灰の土壌のほうが霜柱はできやすいとか。故郷の鹿児島では今の時期は毎朝のようにあぜ道の霜柱をザクザク踏みしめていたので、都会の公園で寒い朝に霜柱を見つけると、懐かしく感じます。

12/15 雪見鍋で胃腸を整える

［十二月十五日］

大根おろしをたっぷりと入れた雪見鍋は、みぞれ鍋ともいいます。大根にはでんぷんや脂質を分解する消化酵素が豊富に含まれているため、忘年会で疲れた胃腸をいたわるには雪見鍋がうってつけ。おろし器は鬼おろしという粗く削れる道具を。鍋料理には粗い食感のほうが向いています。

12/16 旬のぶりで年末の多忙に備える

［十二月十六日］

冬に旬を迎えるぶり。漢字で「鰤」、魚に師と書く由来は、旧暦の師走頃においしくなるためとも。栄養面もすぐれ、ＤＨＡ、ＥＰＡの含有量は魚介でもトップクラス。疲労回復に効くビタミンB群、滋養強壮効果のあるタウリンなども豊富です。ぶりを食卓にのせる回数を増やし、多忙な年末に向けて栄養補給を。

12/17

「火の用心」の夜回りに参加する

［十二月十七日］

冬は空気が乾燥し、暖房器具を使うことから火災が発生しやすいもの。「火事」は冬の季語になっているほどです。都市部で拍子木を鳴らしながら町内に「火の用心」を呼びかける習慣は、江戸時代に始まりました。現代でも各地の町内会で実施しています。機会があればぜひ参加を。自分の住んでいる地域を知り、友人を増やすまたとないチャンスです。

12/18

大掃除は少しずつ

［十二月十八日］

かつて「大掃除」は春と秋に行うもので、歳神《としがみ》様を迎える準備として行う年末の掃除は「煤払《すすはら》い」と呼びました。今も寺社には「煤払い」の行事が残り、先端に葉をつけた竹で高いところの埃を落とすなど、大がかりな掃除が行われます。個人の住まいでもかつては家族総出で一気に行いましたが、家族のスケジュールがまちまちな現代、大掃除は担当を分け、少しずつ進めるのがおすすめです。

12/19

［十二月十九日］

柚子湯のための柚子を買う

12月21日か22日の冬至に柚子湯に入る習慣は、江戸時代の銭湯に始まるといわれます。冬至を湯治、柚子を融通にかけ、冬至に柚子湯に入れば風邪を引かず、融通が利くと考えられるようになったという説も。柚子に含まれるビタミンCは肌の乾燥を防ぎ、香り成分によるリラックス効果も。冬至だけでなく、冬の間は柚子湯でリラックスしながら体をしっとり温めるのがおすすめです。

12/20

［十二月二十日］

冬至には「ん」のつく食べ物で運を呼び込む

冬至には、にんじん、大根、れんこん、南京《なんきん》（かぼちゃ）、金柑、寒天、うどんなど、「ん」がつくものを食べると運が呼び込めるといわれます。これらの食べ物を使ったこの時期の盛物は「運盛り」と呼ばれます。中国で邪気を払うとされた小豆をお粥にして食べる風習も。いずれも寒い時期にとりたい栄養豊富な食べ物。たっぷり食べて健康運を高めましょう。

12/21

［十二月二十一日］

一陽来復《いちようらいふく》のお守りで金運上昇を祈る

一年で最も昼が短くなる冬至。陰の極みから陽への分岐点であることから「一陽来復」ともいいます。「一陽来復」は、悪いことが続いた後、いいことが起こるという意味にも使われます。東京・早稲田の穴八幡宮《あなはちまんぐう》で冬至から節分までの間に頒布される一陽来復のお守りは、金運や商売運にご利益があるとされ、冬至の境内は大いににぎわいます。冬至、大晦日、節分のいずれかの深夜0時、恵方に向けてまつります。

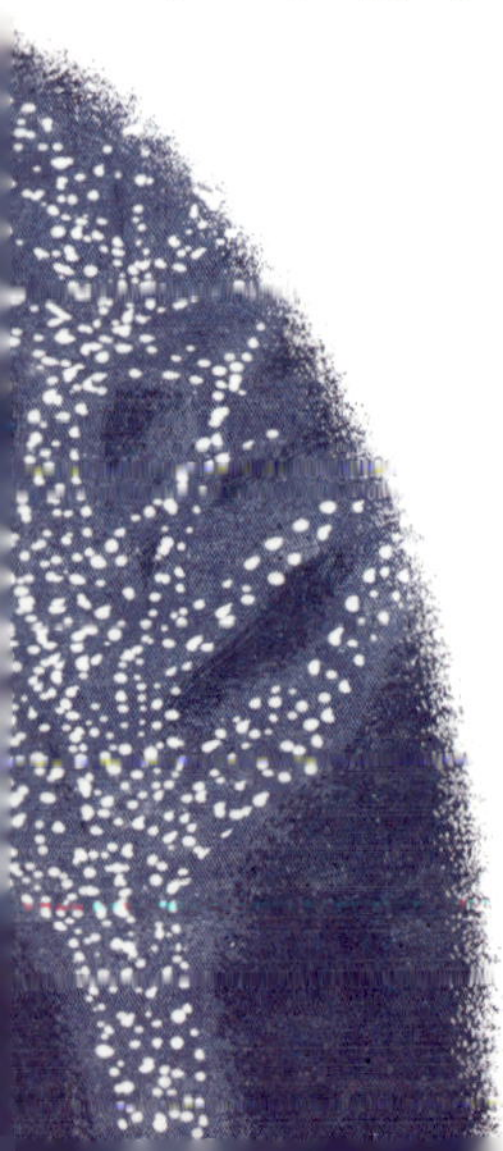

12/22

［十二月二十二日］

大人の聖樹はシンプルに

クリスマスツリーを「聖樹」ともいいます。実家では大きな生のもみの木に華やかな飾りつけをしていました。大人の住まいなら生のもみの枝をざっくりと壺などに飾ってみては。オーナメントをつけるなら、シルバーでまとめるなど、色を抑えて。シンプルなクリスマスツリーは、和室にも合いますよ。

12/23

［十二月二十三日］

イルミネーションの輝きを思い出に

日本では１９８０年代頃から年末のイルミネーションが盛んになり、現在は全国各地で冬に大規模なイベントが行われます。毎年デザインが変わるので、その年だけの輝きを背景に記念撮影を楽しみ、１年を締めくくる思い出を残します。屋外に長くいると冷えるので、手袋やカイロで寒さ対策を。

12/24

クリスマスケーキを手作りする

［十二月二十四日］

クリスマスケーキは家族みんなで手作りしてみてはいかがでしょうか。手作りケーキには、お店のケーキとは違う素朴でやさしい味わいがあります。スポンジを焼いて、クリームといちごなどの好きなフルーツで、みんなでわいわいデコレーション。ミントの葉やサンタの人形を飾っても素敵です。少しくらい失敗しても、きっと楽しい思い出に。

12/25

家族や友人と七面鳥を囲む

［十二月二十五日］

実家ではクリスマスの日、家族総出で七面鳥を焼きました。パプリカや玉ねぎ、米などのスタッフィングを詰め、香草で香りづけし、庭の炉で焼くのです。七面鳥のかわりに地鶏を使うことも。チキンレッグもおいしいですが、鳥の丸焼きがあると、クリスマスパーティーのテーブルが華やかになりますよ。

12/26

[十二月二十六日]

疲れた夜はしいたけスープを

年末、疲れすぎて眠れない夜は、滋味に富み低カロリーのしいたけのシンプルなスープでひと息つきます。鍋に干ししいたけ3~4個と水600㎖を入れ、1~2時間おいて火にかけ、沸騰したらごく弱火で30分、水が3分の2ほどになったら醤油を加えて。飲んで温まってから休みます。

12/27

[十二月二十七日]

しめ飾り風リースは手作りで華やかに

クリスマスが終わり、お正月に向けた準備が始まります。しめ飾りや門松を飾るのは、元日に各家庭にやってきて、1年間の幸運を授けるといわれる歳神様をお迎えするため。飾りが「ここが歳神様を迎える家です」という目印に。近年では洋風の家に合う、しめ飾り風リースも。ホームセンターなどで売られているしめ縄をベースに、縁起のいい梅や菊、椿、千両の実などを加え、手作りしても素敵です。

12/28

[十二月二十八日]

門松を立てる

門松は歳神様の依《よ》り代《しろ》として立てるもの。門や玄関に松や竹に代表される常緑樹を左右一対飾るのが基本です。常緑樹はまっすぐになるように立てます。13日の事始めから28日までの間か、「二重苦」で縁起が悪いとされる29日を避け、30日に飾ります。

12/29

年末の市場で食材を買う

［十二月二十九日］

卸売市場の年内の営業最終日は29日か30日が多く、市場の専門小売店にはお正月用の食材を求める人々が押し寄せます。混雑の中で目当ての品物を探すのは大変ですが、それも年の瀬らしい風情として楽しんでいます。

12/30

餅つきで鏡餅を手作り

［十二月三十日］

実家では毎年この日に親族で庭で餅つきを行い、お正月の鏡餅を作りました。代々伝わる臼《うす》と杵《きね》を使い、つき手と餅の返し手が声を掛け合い、息を合わせながらの作業は、大人も子どもも大盛り上がり。餅を丸めて鏡餅にするのも楽しいものでした。ミキサーと電子レンジでも手軽に作れるので、鏡餅作りにチャレンジしてみては。31日に鏡餅などの正月飾りを飾るのは「一夜飾り」といって縁起が悪いとされるので、30日までには飾りつけを終えます。

12/31

年越しそばで長寿を願う

［十二月三十一日］

大晦日にそばを食べる習慣は江戸時代に始まり、「つごもりそば」「みそかそば」と呼ばれました。細長いそばを大晦日に食べると長寿になるという一方、残すと金運が落ちるという伝承も。残すことのないよう、最もおなかがすくタイミングにいただきましょう。

JANUARY

1月

睦月［むつき］

新年を祝い、親族・知人などが睦まじく交流することが語源とも。「正月」は、「正」の漢字が年のはじめ、物事を正すなどの意味をもつことに由来します。はじめの意味をもつ「端」を用い、「端月《たんげつ》」「年端月《としはづき》」とも。「太郎月《たろうづき》」の異称は「太郎」が1番目を意味することから。また、旧暦1月は春の始まりのため、「初春月《はつはるづき》」の名も。

1/1

［一月一日］

家族で初詣に

新年は幸福をもたらす歳神様《としがみ》が各家庭を訪れるといいます。私の実家では元日の朝、祖母が井戸から汲み上げた「若水《わかみず》」と、縁起がいいとされるウラジロの葉、お米を歳神様にお供えしました。それから家族で1年の邪気を払うとされるお屠蘇《とそ》を飲み、おせちとお雑煮をいただきます。午前のうちに地元の神社へ初詣に。父はスーツ、ほかの家族は着物で正装します。正月に晴れ着を着て参拝すると、子どもながら厳かな気持ちになりました。

お屠蘇《とそ》で邪気を払う

お屠蘇は、複数の生薬を調合した「屠蘇散《とそさん》」を本みりんなどにひたした薬酒。邪を屠《ほふ》り、人の魂をよみがえらせる薬を意味するとか。専用の屠蘇器があり、お屠蘇を入れる銚子《ちょうし》には銚子飾りをつけます。元旦に若水で手を清め、神仏に挨拶を済ませてから、家族の年少者から口をつけます。大中小の盃に注ぎ、一つずつ飲みますが、一つの盃に注ぎ、3回に分けて飲んでも。

おせちとお雑煮で家族の息災を願う

正月の行事料理「おせち」は、子孫繁栄を象徴する数の子、豊作を祈願する田作り、健康を意味する黒豆などを重箱に。わが家では五段重でしたが、五の重は控えの重といって、神様からいただく福を詰めるため、空箱のままにしておきました。おせちは年長者から箸をつけるのが作法。とり箸を使い、一の重から順にとり皿へ。お雑煮は、正月に神前に供えた餅をおさがりにいただく習慣がもとになっているとか。家族で美味を堪能しつつ新年の幸を祈ります。

1/2

［一月二日］

新年の運を高める室礼を

新年を祝い、おめでたいものを飾るお正月の室礼。柑橘は「きつ」の音が「吉」に通じるとして縁起がいいとされますが、世界最大の柑橘である晩白柚《ばんぺいゆ》は、その大きさが初日の出を思わせると、正月飾りに好まれます。晩白柚は昭和初期に日本に入ったザボンの一種で、2～3週間飾っても食べるのに差し支えありません。

「めでたい」に通じる、芽の出たくわいやかぶなどは正月の盛物にふさわしく、大皿などに飾ります。ことにくわいは、大きな芽が上に向かって出る姿から、出世祈願の縁起物とされます。

いくつもに分かれた実の形が仏様の手を思わせる柑橘類・仏手柑《ぶしゅかん》。お正月の縁起物としてよく飾られます。皮ばかりで生食には向きませんが、香りが高く、乾燥させた皮は漢方薬として用いられます。

1/3

［一月三日］

お年玉を渡すときのマナー

お年玉のお札は、人物が描かれた表面を内側に、人物の頭を上に、左側から三つ折りにしてポチ袋に入れます。子ども同士でとり違えたりしないよう、表に相手の名前、裏に自分の名前をわかりやすく記入しましょう。

1/4

［一月四日］

手土産は両手で渡す

日本では訪問する側が手土産を持参するのが一般的です。年始の訪問なら、手土産を購入する際、「御年賀」ののしをかけてもらいます。渡すタイミングは、部屋に通され、席に着く前に改めて挨拶し終わったときがベスト。袋から出し、相手に箱の正面を向け、「心ばかりですが」などの言葉を添え、両手で差し出します。

1/5

［一月五日］

訪問先には約束の時間ぴったりに

訪問先へは約束の時間ぴったりにうかがうのがマナーです。ぎりぎりまで準備をしているかもしれない訪問相手に配慮し、早く着いてしまいそうな場合は、周辺で時間を調整してから訪問先へ。家の前で待つのは避けましょう。

1/6

［一月六日］

「寒稽古」にならい寒中ランニングへ

「寒の入り」を迎え、いよいよ真冬の寒さとなります。この時期に行われる、武道などの「寒稽古」は精神を鍛える効果があるとか。これにならい、ランニングで冬の運動不足解消はいかがでしょうか。寒い屋外に出るのは少しおっくうですが、汗ばむ季節よりも走りやすく、お正月太り対策にもおすすめです。

1/7

［一月七日］

七草がゆで不調を遠ざける

春の七草は、「せり、なずな、ごぎょう、はこべら、ほとけのざ(こおにたびらこ)、すずな(かぶ)、すずしろ(だいこん)、これぞ七草」と短歌のように覚えたもの。七草がゆは、春の野にいち早く芽吹くこれらの植物のエネルギーをとり込み、邪気を払う行事食とされます。刻んだ七草の色を愛でながら、お正月のごちそうに疲れた胃腸を休ませましょう。

1/8

［一月八日］

ねぎで冬の風邪を防ぐ

ねぎは、刺激臭と辛みのもととなる成分、硫化アリルを含み、消炎などの作用があります。関西では青ねぎ、関東では白ねぎが多く、わが家では風邪の初期に、刻んだ青ねぎをひたした湯を飲みます。なお、わけぎは玉ねぎとねぎの交雑種、あさつきはチャイブの仲間です。

1/9

［一月九日］

年始の接待に花びら餅を

新年のお客様のおもてなしには、梅の花をかたどった年始の和菓子、花びら餅がおすすめです。餅か求肥《ぎゅうひ》に、ごぼうの甘煮と味噌あんを包んで花びらに見立てたもので、宮中で行われた三が日にかたいものを食べて長寿を願う「歯固め」という行事に由来するといわれます。新年初の茶会である初釜のお菓子にもよく使われます。

1/10

［一月十日］

十日えびすに福笹で開運

兵庫県の西宮《にしのみや》神社をはじめ、えびす様をまつる西日本の神社では、1月10日前後に「十日えびす」、通称「えべっさん」というお祭りが行われ、孟宗竹に飾りをつけた福笹が授与されます。節目正しく折れにくい孟宗竹にちなんだもので、商売繁盛、家運隆《りゅう》昌《しょう》のお守りとして人気です。米俵、鯛、小判などの飾りは野、山、海の幸を表し、「吉兆《きっちょう》」などと呼ばれます。自宅では神棚もしくは高い場所に飾りましょう。

1/11

餅のアレンジを工夫する

[一月十一日]

近年は正月のお餅を冷凍してムダなく使う人が増えています。安倍川餅、磯辺巻き、ぜんざいなど、昔ながらの食べ方だけでなく、餅ピザ、餅グラタンなど洋風アレンジもできるのがお餅の特長。家族それぞれのアイディアで、お餅三昧を楽しんでみては。

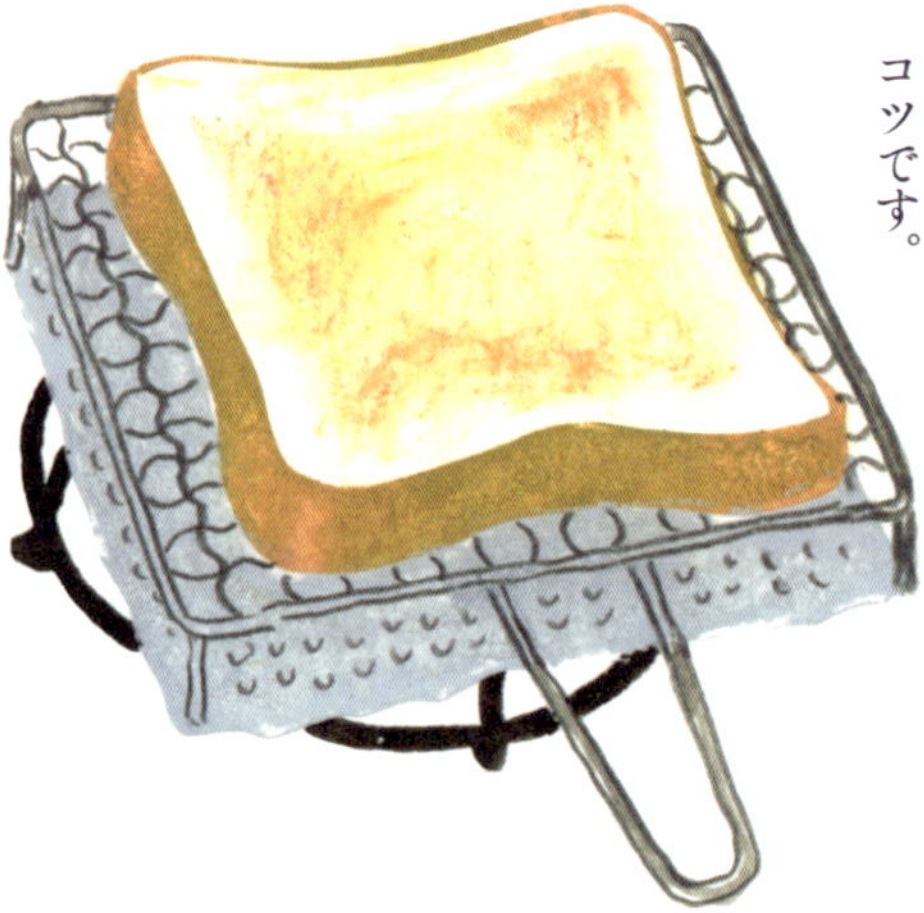

1/12

焼き網でパンを焼く

[一月十二日]

お餅を焼くときに使う網は、実はパンを焼くのにももってこいの道具。強火の遠火で焼くことで、中の水分が蒸発しすぎることなく、わずか2～3分でおいしいトーストに。パンをのせる前に網を30秒ほど加熱しておくのがコツです。

1/13

行平《ゆきひら》鍋を使いこなす

[一月十三日]

行平鍋は注ぎ口のある片手鍋。名称は、在《あり》原行平《わらのゆきひら》が須磨《すま》で海女《あま》に塩を焼かせた故事に由来するとも、槌《うち》でたたいた目が雪のように見えるからとも。熱伝導率が高く、煮る、ゆでると万能。注ぎ口は湯を捨てる際などに便利です。

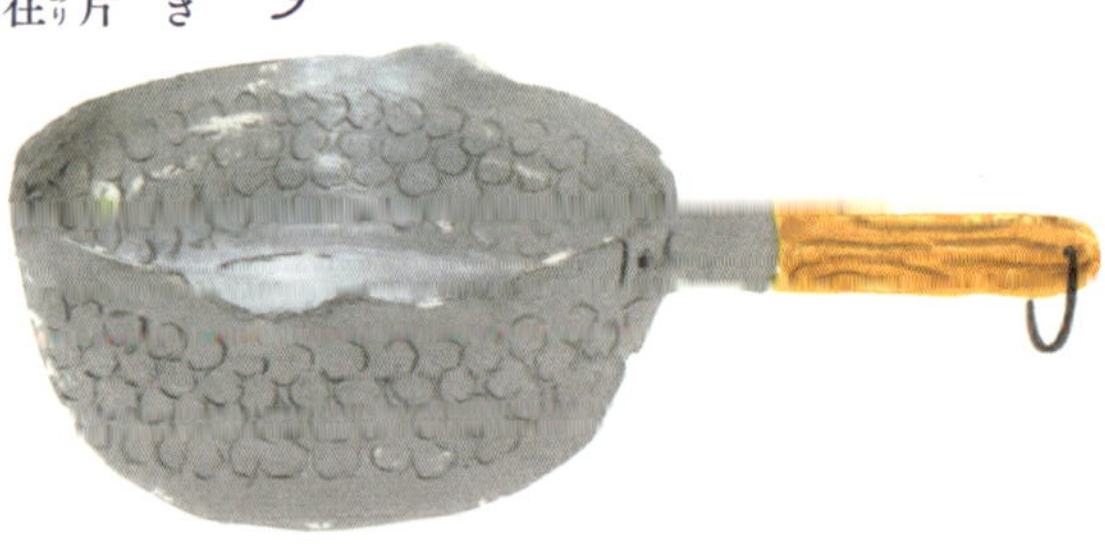

1/14

水仙を投げ入れで

［一月十四日］

清々しい香りの水仙は1月の代表的な花材です。長さを調整する場合は、根元のはかまと呼ばれる部分を手で揉んでやわらかくして、花と葉を抜き、それぞれ適宜カットします。その後はかまに葉と花を戻し、形を整えて花器に。投げ入れで量感たっぷりにいけると、新春の野を思わせます。

1/15

どんど焼きで歳神様を天へ送る

［一月十五日］

1月15日は小正月《こしょうがつ》といい、各地で主に農業に関連した正月行事が行われます。小正月に各地で行われる正月飾りなどを焼く行事は「どんど焼き」と呼ばれますが、鹿児島では「鬼火焚き」といいます。大きな火を焚くのは、悪霊を払うと同時に、正月に家にいらした歳神様を天に送り返すためとされます。家族でその年の健康を祈り、鬼火焚きの残り火でお団子を焼くのが楽しみでした。

1/16

[一月十六日]

芝えびをから揚げに

九州の有明湾《ありあけわん》で芝えび漁が盛んになる時期です。芝えびはかつて日本の広い地域でよくとれましたが、漁獲量が減り、国産のものは高級品になりつつあります。揚げ物に最適で、ひげと尾びれのかたい部分をとり除き、殻ごとから揚げにすると、お酒のつまみに。玉ねぎ、三つ葉とともにかき揚げにするのもおすすめです。

1/17

[一月十七日]

湯豆腐で出汁《だし》を味わう

寒い日にうれしい湯豆腐は、シンプルな料理なので、出汁のおいしさが決め手に。鍋に入れる昆布は調理の1時間以上前から水にひたしておきましょう。たれも、かつお節、醤油、みりんで手作りします。湯豆腐を食べ終わった後、鍋に残った昆布と野菜のエキスがしみ込んだ出汁は雑炊やうどんに。別の鍋に移して、味噌汁や煮物に使ってもおいしいです。

1/18

[一月十八日]

黒豆茶で目の健康をケア

焙煎した黒豆に熱湯を注ぐか煮出して飲む黒豆茶には、黒豆のポリフェノール・アントシアニンが含まれます。アントシアニンは目の周りの血流を改善するのに役立つ成分。眼精疲労や視力低下が気になるときは、休憩に飲むコーヒーや紅茶を黒豆茶にしてみては。

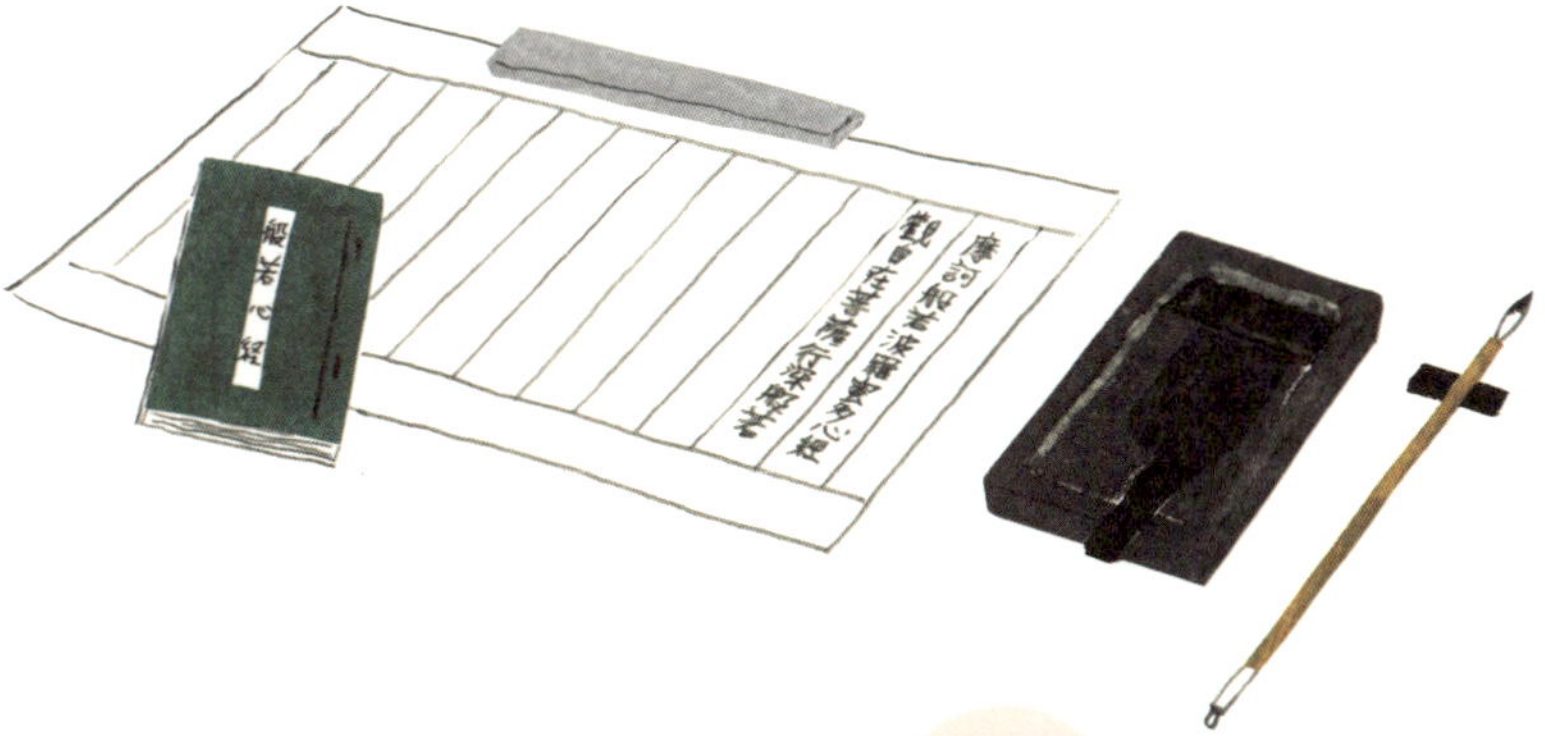

1/19

写経で心を整える

［一月十九日］

経典を一字一字丁寧に書き写す写経は、集中力を高め、心を落ち着かせるなどの理由で、多くの人が日常にとり入れています。なぞり書きができる写経用紙を使えば、初心者でも自宅ですぐ始められます。毛筆が苦手なら、鉛筆書きから始めてみましょう。

1/20

「雪見」に興じる

［一月二十日］

「雪月花」というように、日本では雪を花や月と同じように観賞の対象としてきました。宮中では古くから雪見の宴が行われ、江戸時代には庶民も雪見酒や屋形船での雪見を楽しみました。近代には障子とガラスを組み合わせた雪見障子が登場し、障子を閉めたまま雪景色が楽しめるように。雪が降ることも減っていますが、雪見の文化は大切に守りたいですね。

1/21

[一月二十一日]

椿油で髪のお手入れ

日本の椿油はヤブツバキの種子を原料とするオイルで、髪や肌のうるおいを守る成分、オレイン酸を豊富に含んでいるのが特徴です。シャンプー後の髪につけると、ドライヤーの熱によるダメージを防ぐことができます。髪の紫外線対策にも。

1/22

[一月二十二日]

寒卵で滋養を得る

一年で最も寒い「大寒《だいかん》」の時期です。冬の季語に「寒卵《かんたまご》」があります。昔の自然環境の中で育てられていた鶏は、秋冬は卵を産まなくなったため、この時期の卵は珍重されました。とくに大寒の初日に産まれた卵は大寒卵と呼ばれ、今でも食べると無病息災で過ごせるとされています。卵は栄養バランスがいいので、寒中の体調管理におすすめです。風邪のときも、茶碗蒸しや卵雑炊など、のどごしのいい卵料理で栄養補給を。

1/23 冬の桜を見に行く

［一月二十三日］

晩秋から咲き始める十月桜《じゅうがつざくら》や寒桜《かんざくら》、寒緋桜《かんひざくら》など寒空をバックに咲く冬の桜には、春の桜とは違う美しさがあります。ことに雪をかぶったときの姿は格別です。厳しい寒さに耐える花の気高い姿に心が打たれます。

1/24 初地蔵《はつじぞう》の日にお参りを

［一月二十四日］

新年最初の地蔵菩薩の縁日が行われる日を「初地蔵」といいます。地蔵菩薩は子どもの成長を見守る菩薩でもあり、「子育て地蔵」と呼ばれる地蔵菩薩をまつる寺院はことに安産祈願や子宝祈願の参拝者が集まります。また各地の「とげぬき地蔵」は病など心身の「とげ」をとり除いてくれるといい、健康を祈る高齢者に人気です。

1/25 雪の日は小さい歩幅で転倒を防ぐ

［一月二十五日］

めったに雪が降らない都市部では、雪が降ると多くの人が滑って転び、中には大けがをしてしまう人も。転倒を防ぐため、雪の日の外出にはできれば靴裏に滑り止めのあるトレッキングシューズや雪道用ブーツを履き、歩幅を小さく、足裏全体を使って歩きます。万一転んだときに手をつけるよう、手袋を忘れずに。

1/26

［一月二十六日］
お酒のラベルを読む

日本では、日本産米を使い日本国内で醸造された清酒だけが「日本酒」とされ、「清酒」は米、米麹、水などを原料として発酵させて、こしたものなどと定められています。お酒の瓶のラベルには「日本酒」または「清酒」と必ず明記されています。清酒が米などを発酵させたもろみを絞る「醸造酒」であるのに対し、焼酎はもろみを蒸留して造る「蒸留酒」。焼酎は米、麦などから造られますが、私は実家で造っている、サツマイモを原料とした薩摩焼酎の、甘く濃厚な香りとコクがいちばん好きです。

1/27

［一月二十七日］
お気に入りの醤油を探す

醤油の主な産地は千葉県と兵庫県、香川県ですが、全国各地で中小の醤油メーカーが頑張っています。北海道の昆布醤油、中部地方のたまり醤油、香川県の発酵調味料・いかなご醤油、南九州の甘い醤油など、個性豊かな醤油は郷土料理に欠かせません。旅先では道の駅などで地域の醤油との出会いを楽しんでいます。

1/28

本みりんの風味を味わう

[一月二十八日]

みりんには「本みりん」「みりん風調味料」「みりんタイプ調味料」の3種類が。本みりんは米、米麹、焼酎もしくはアルコールを糖化・熟成させて造られ、お屠蘇に使ったり、そのまま甘いお酒として飲んだりできます。みりん風調味料、みりんタイプ調味料は、本みりん風の味つけが手軽にできる調味料です。アルコール成分により肉や魚のくさみを消す効果や、まろやかで深い味わいや美しい照りは本みりんならではの魅力です。

1/29

寒の水で味噌を仕込む

[一月二十九日]

寒中は室温や水温が低く、雑菌が繁殖しにくいため、醸造業では古くから寒中に仕込みが行われます。現在は人工的な温度管理で一年中仕込みを行うメーカーもありますが、伝統的な寒仕込みも続けられています。お酒は個人で製造できませんが、味噌作りなら一般家庭でも比較的手軽に寒仕込みが可能です。ふっくらゆでてつぶした大豆に手で塩と米麹をまぜ、まさに「手前味噌」の味を秋頃に楽しむことができます。

1/30 ちゃんちゃんこで真冬もぬくぬく
［一月三十日］

昭和の子どもたちは、冬になるとちゃんちゃんこをよく着ていたものです。私も祖母の手縫いのものを愛用していました。ちゃんちゃんこと綿入れ半纏《はんてん》の違いは、袖の有無。五分袖ほどの半纏に対し、袖なしのちゃんちゃんこは動きやすく、子どもの冬着にぴったり。丹前《たんぜん》とどてらは同じものので、着丈が長く、綿入りで厚みがあるのが特徴です。

1/31 わかさぎ釣りに出かける
［一月三十一日］

真冬になると近県へわかさぎ釣りに出かけました。寒冷地では湖の氷に穴を開けて釣り糸を垂らしますが、凍っていない湖ではヒーターや炬燵《こたつ》が用意された船で暖まりながらわかさぎ釣りを楽しむスタイルも人気です。釣ったわかさぎは天ぷらに。

FEBRUARY

2月

如月

［きさらぎ］

旧暦2月は春とはいえ寒さが残ることから、さらに衣を重ねて着る「衣更着《きさらぎ》」の意味とする語源説が有力。梅の開花にちなみ「梅見月《うめみづき》」「初花月《はつはなづき》」とも。木々の芽吹きから「木芽《このめ》月《づき》」、雁が北へ帰ることから「雁帰月《かりかえりづき》」の名も。雪もとけていく頃なので、「雪消月《ゆきぎえづき》」「雪解《ゆきげ》月《づき》」とも。

2/1

春近い野でフキノトウ探し

［二月一日］

フキは水けを好む植物で、冬から春へと季節が移るこの時期の川の土手や用水路の脇などで茎が伸びる前に花を咲かせます。その花のつぼみがフキノトウです。咲いてしまうと苦みが強くなるので、食用に採取するなら花が咲く前に探しに行きましょう。見つけたら地下茎や根にさわらないよう、ハサミで切り取るのがベター。フキノトウは天ぷらや味噌和えのほか、パスタにもよく合います。

2/2

初午《はつうま》の日にいなりずしをいただく

［二月二日］

全国に約3万ある稲荷社《いなりしゃ》の総本宮、京都の伏見《ふしみ》稲荷大社《いなりたいしゃ》によると、五穀豊穣の神である稲荷大神が稲荷山に鎮座したのは、奈良時代の711（和銅4）年2月の初午の日。そのため2月の初午の参詣はことに縁起がいいとされ、清少納言も初午詣《もうで》をしたとか。稲荷大神の使いのキツネが油揚げを好むとされることから、この日にいなりずしをいただくのも福を招くといいます。

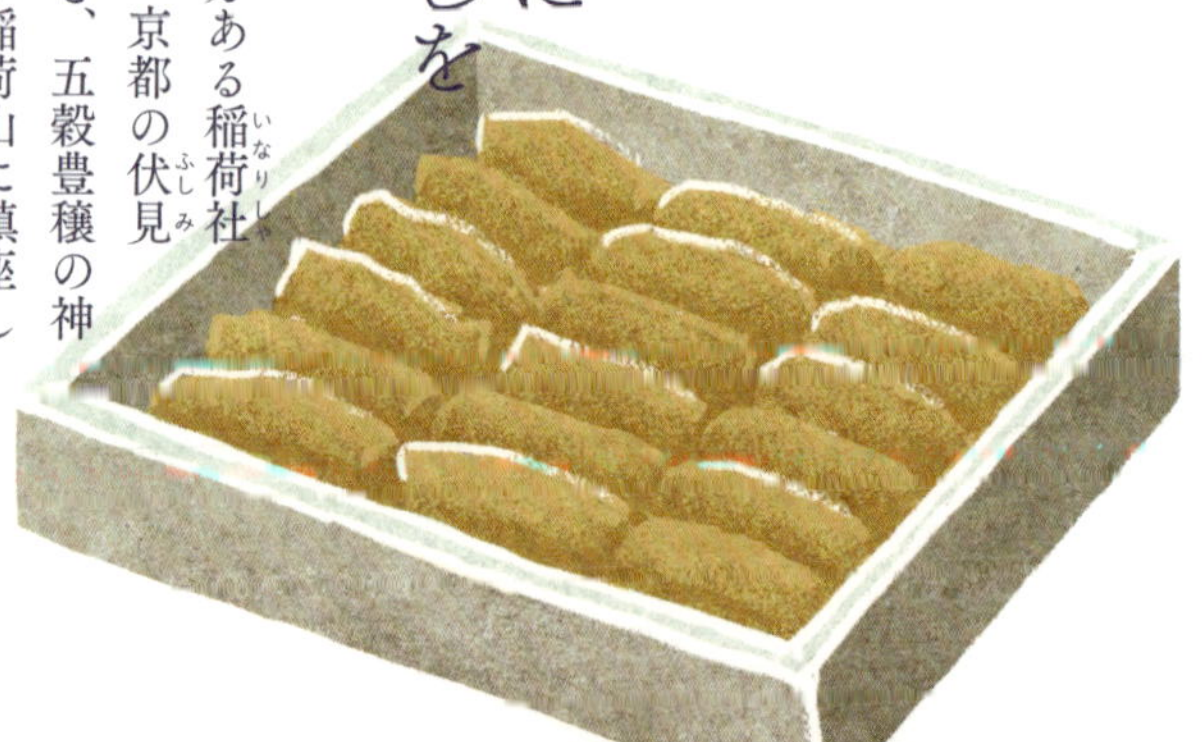

2/3

［二月三日］

「鬼は外」で心の邪気を追い出す

太陽の動きをもとにした二十四節気では、1年の始まりは立春。その前日である節分に豆をまいて鬼を追い出す「鬼やらい」は「追儺《ついな》」ともいい、中国の鬼を追い払う行事に由来するもの。始まった時期は不明ですが、江戸時代には「鬼は外、福は内」と豆をまいていたようです。この言葉を口にすると、自分の心の邪気が払われるような清々しい気持ちになります。

2/4

［二月四日］

「立春大吉」で無病息災を祈る

立春の日には「立春大吉」のお札を貼り、厄除けにします。その由来は「立春大吉」の四文字が左右対称で裏側から見ても同じなので、家に入ってきた鬼が振り返って札を見て「まだ家の外だったのか」と勘違いして引き返すため、とも。自分で半紙に「立春大吉」と縦書きして貼っても厄除けになるそうですよ。

2/5

［二月五日］

春の使者 メジロを招く

メジロは梅の花の蜜が好きなので、春を告げる鳥というイメージがありますが、実際は一年中身近にいる野鳥です。特徴は名前の由来でもある目の周りの白い輪。この輪のおかげでほかの鳥と簡単に区別できます。甘いものが好物で、梅以外の花が少ないこの時期は庭やベランダにみかんなどの果物を置いておくと食べに来てくれますよ。

2/6

［二月六日］

金柑《きんかん》酒を仕込む

金柑が収穫期を迎えました。みかんと違い、皮ごとかじり、皮の苦みと果肉の甘さと酸味のバランスを味わいます。氷砂糖、ホワイトリカーとともに瓶に。約1カ月後、のどの痛みに効く金柑酒が完成します。

2/7
[二月七日]

香り豊かな生わかめを刺し身に

養殖わかめの収穫は、この時期からが最盛期。わかめは傷みやすいので、生産者はすぐにゆでて塩蔵しますが、一部は生のまま市場に。褐色の生わかめを熱湯に入れると、たちまち鮮やかな緑色に変わります。それを冷やし、一口大に切っていただく生わかめの刺し身は、潮の香り豊かな、春の海のごちそうです。

2/8
[二月八日]

早朝の梅林で花の香りを浴びる

花の咲く木の中でいち早く開花を迎え、「春告草《はるつげぐさ》」とも呼ばれる梅。その甘く上品な香りも梅林をめぐる楽しみです。とくに早朝は、目覚めた花が大きく息を吐いたかのように、香りをはっきり感じることができます。早朝の香りが強いことは科学的にも立証されているそうですよ。

2/9

［二月九日］

ハッカ油で花粉症対策

スギ花粉が飛び始め、花粉症の症状が出始める時期です。鼻づまりが気になるときは、洗面器に張ったお湯にハッカ油を1滴たらし、軽く吸いこめば、ハッカ特有の清涼感が不快感を和らげてくれます。

2/10

［二月十日］

うぐいすもちを手作りで

うぐいすもちは、こしあんを求肥《ぎゅうひ》で包み、青大豆を炒って粉にしたうぐいすきな粉をまぶすなどした和菓子。求肥は白玉粉と砂糖を水でといた液を弱火で練って作ります。簡単なのに見栄えがよく、手作りすると喜ばれます。

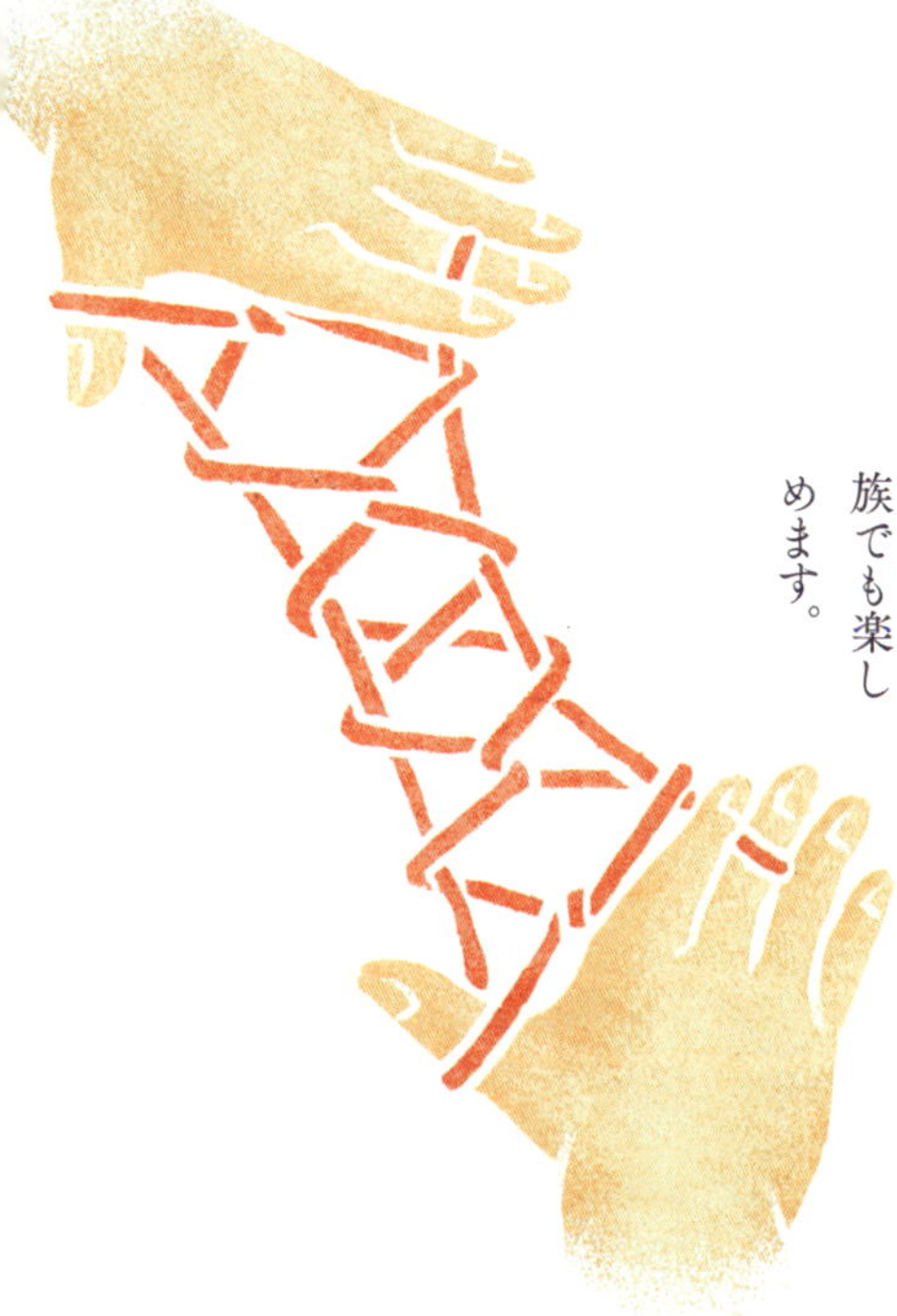

2/11

［二月十一日］

あやとりで大人の脳活を

寒さが残り、雪が降る日もある2月。家にこもりがちになったら、脳を活性化できるあやとりに挑戦しませんか。はしご、ほうき、東京タワーなど、インターネットの動画を見ながら指先を動かして作っていると、子どもの頃に遊んだときの記憶が蘇り、脳がいきいきとします。交互にあやをとり合う2人あやとりなら、家族でも楽しめます。

2/12

［二月十二日］

座布団の正しい座り方を身につける

日本の作法では、座る場所は格を表すもの。訪問先で座布団に座ることは、格上の扱いをされる意味合いをもっています。そのため、先方にすすめられるまでは座布団の後方で正座を。「どうぞ」と声をかけられたら座布団ににじり寄り、座布団の両端にこぶしをつけ、体を持ち上げて座ります。降りるときは座るときとは逆に、両手のこぶしで体を支えながら後方に移動を。座布団を踏むのはマナー違反です。

2/13
春一番のニュースに耳をすます
［二月十三日］

春の兆しを今か今かと待っていると、南からぴゅーっと「春一番」が吹いてきます。気象庁の定義では、立春から春分までの間に、広い範囲で初めて吹く、暖かくやや強い南風のことをいいます。メディアがこの語を最初に使ったのは、1963（昭和38）年2月15日でした。もともとは漁師言葉だったといいます。鹿児島でも冬が寒い地域にあるわが家でしたが、春一番が吹くと本格的な春の到来を感じることができました。

2/14
バレンタインデーは女友達に贈り物を
［二月十四日］

私はバレンタインデーは女性とチョコレートを贈り合います。お気に入りのショコラティエのおいしく美しいチョコを、女友達やお世話になった女性に。今年はどれにしようと悩むのも、女友達がセレクトしたチョコを味わうのも毎年の楽しみに。

2/15 喪服の基本をおさらい

［二月十五日］

寒さのためか、この時期は亡くなる方が多いもの。喪服のマナーのおさらいを。今はお通夜も喪服で行く人が多く、周りに合わせて服装を選ぶのがマナーに。喪服には透け感のある黒ストッキングを合わせ、鞄は布製、靴はツヤ消しの素材のものを。アクセサリーはパールを着けます。長い髪は結び、メイクは薄くし、ネイルは落として参列します。

2/16 金平糖を愛でる

［二月十六日］

金平糖は16世紀にポルトガルからもたらされ、織田信長のお気に入りの品だったといいます。製法は長く秘密にされていましたが、17世紀後半の長崎で国産化が実現。その後、製法が広まる間に、ポルトガルから伝わった時点ではゴツゴツした球のようだった形が、角《つの》と呼ばれるイガが20個以上突き出た現在の形に。輸入した文化を日本ならではの感性で発展させた、菓子職人たちの努力の結晶の形です。

2/17 祈年祭《きねんさい》に豊作を祈る

［二月十七日］

この日は宮中や各地の神社で「祈年祭」が行われます。「としごいのまつり」とも呼ばれ、農耕の始まる時期に五穀豊穣を祈る神事です。「とし」は稲のこと。お米を一年中いただけるありがたさをかみしめ、今年の豊作を祈りましょう。

2/18 ウグイスの声を聴き比べる

［二月十八日］

「春告鳥」とも呼ばれるウグイス。ホーホケキョと鳴くのは春から夏にかけての繁殖期だけで、その年最初のホーホケキョを「初音」といいます。九州では2月下旬頃に初音が聞かれますが、練習中の若い鳥はホーホケで終わる場合も。クスリとしながら聴き比べを楽しみます。

2/19 水栽培の球根を窓辺に

［二月十九日］

小学校の理科の思い出から、ヒヤシンスやクロッカスの水栽培は秋に始めるものと思っていませんか。今は芽や根が出た状態の水栽培用の球根が春先に販売されていて、この時期からでも自宅で花を咲かせることができます。ガラスの器との自由なコーディネートも水栽培の魅力ですね。

2/20 和菓子「下萌《したもえ》」から情景を想像する

［二月二十日］

この時期に和菓子店に並ぶ「下萌」という銘の生菓子は、店によって形がさまざま。雪の下の若草を表すもの、土から顔をのぞかせる草の芽を表すものなど、小さなお菓子に抽象化された情景をイメージしながらいただきます。

2/21

[二月二十一日]

河《かわ》津《づ》桜《ざくら》を大胆にいける

200以上ある桜の品種の中で、早咲きの桜として最も広く知られているのは、河津桜ではないでしょうか。咲き始めの濃いピンク色が満開の頃には淡紅色に変わり、その変化も人々を楽しませる品種です。河津桜の枝が手に入ったら、大型の陶の花器に大胆にいけ、一足早いお花見を楽しみます。

2/22

[二月二十二日]

おでんで地方の食文化を知る

フーフーと息を吹きかける姿の語呂合わせから、「おでんの日」に。おでんは具やだしが地域によって異なります。私の地元、鹿児島のおでんだしは甘口醤油と麦味噌が特徴。名産のつき揚げ（さつま揚げ）、豚のバラ肉、豆もやしなども欠かせません。名古屋の味噌おでん、だしが黒い静岡おでんなど、おでんには、土地の食文化が凝縮されています。

2/23 [二月二十三日]

「富士山の日」に地元の富士へ

数字の語呂などから「富士山の日」に。日本には富士山以外にも富士と呼ばれる山が各地にあります。たとえば、鹿児島の開聞岳《かいもんだけ》の通称は薩摩富士。地元の富士に登ってみると、郷土の自然の美しさに改めて気づかされます。

2/24 [二月二十四日]

北へ帰っていく渡り鳥を見送る

日本で冬を過ごした渡り鳥が北に帰り始める時期です。日本一のツルの飛来地として知られる鹿児島県出水《いずみ》市に集まるマナヅル、ナベヅルなども、夫婦と幼鳥のグループごとに飛び立っていきます。彼らが戻るのは、ロシアのアムール川流域やモンゴル北東部。大きな翼をはためかせ旅立つツルの家族を見送りながら2000キロ以上におよぶ長い旅を想像し、どこか切ない気持ちになります。

2/25

［二月二十五日］

菜の花を室礼や食卓に

この日は平安初期の学者で、「学問の神」とされる菅原道《すがわらのみち》真《ざね》の忌日。道真をまつる天満宮では、菜の花を捧げる「菜種御供《なたねごく》」などの神事で道真の霊をなだめます。この日は道真をしのびつつ、菜の花を飾ったり、おひたし、酢味噌和え、炒め物などにしていただきます。

2/26

［二月二十六日］

「春はあけぼの」を実感

清少納言は『枕草子』で「春はあけぼの」と春の夜明けの風情を賞賛しました。2月下旬の夜明けは午前6時台。中国の孟《もう》浩然《こうねん》は「春眠暁を覚えず」と詠みましたが、天気のいい休日は頑張って早起きして、散歩やジョギングを。「春はあけぼの」を体感し、素敵な1日のスタートに。

2/27

［二月二十七日］

国産のキウイで元気な春を

昭和の時代、キウイは輸入品が主でしたが、その後日本国内で品種改良が進み、この時期は国産品も多く出回っています。ビタミンCとEが豊富で、カリウムや葉酸なども含まれているキウイは、寒暖差の大きい季節の体調管理に最適。低カロリーなので、サラダやおやつにも。

2/28

「春告魚」と呼ばれるニシンを塩焼きに

［二月二十八日］

2月頃から産卵期の近づいたニシンが北海道沿岸にやってきます。そのため「春告魚」という別名もありますが、1950年代からニシンの群れが春に来ない年が長く続きました。今は放流などの努力で、春のニシン漁が復活し始めています。この時期は生のニシンを鮮魚店で見かけることも。生の子持ちニシンを塩焼きにし、九州産の柑橘をしぼれば、北と南の味覚のコラボレーションに。

2/29

うるう日にはプラネタリウムへ

［二月二十九日］

地球の公転は365日ぴったりではなく、365日+約6時間のため、4年に一度、2月29日を設けることで暦を調整しています。さらに微調整のため西暦の年が100で割り切れ、400で割り切れない年は、うるう年から外されているとか。地球の公転や暦について知的好奇心が刺激されるこの日は、プラネタリウムで宇宙と時間に思いをはせてみては。

MARCH

3／月

弥生

［やよい］

草木がますます生えることを意味する「草木弥生月《くさきいやおいづき》」が変化したとも。旧暦では桜が咲き始める頃で、「桜月《さくらづき》」「花見月《はなみづき》」「花《はな》つ月《づき》」「早花咲月《さはなさづき》」の名が。桜の異称「夢見草《ゆめみぐさ》」から「夢見月《ゆめみづき》」とも。3月3日の上巳《じょうし》の節句に禊《みそぎ》が行われたことから「禊月《けいげつ》」の名も。

3/1

［三月一日］

「芽《め》張《ば》り柳《やなぎ》」を心待ちにする

新芽の萌え出ようとする柳を「芽張り柳」「芽吹き柳」「芽柳」などと呼びます。いろいろな呼び名があるのは、古来柳の新芽のやわらかな緑が愛されてきた証《あかし》でしょう。子どもの頃、この時期は祖母と庭の柳の様子を毎朝確認し、芽吹きを待っていたものです。「柳が芽吹いたら、春の始まり」と教えられました。

3/2

［三月二日］

グリーンピースご飯をおにぎりに

若いえんどうの実をさやごと食用とするのがさやえんどうで、もう少し成長した実の青い豆がグリーンピースです。実えんどうともいいます。地元の鹿児島はグリーンピースの生産地で、いろいろな料理に使います。私の一番のおすすめは、土鍋で炊くグリーンピースご飯。ゆっくりと火を入れることで、ご飯に豆の旨みがしみ込んだ贅沢な味わいになります。冷めてもおいしく、おにぎりにも最適です。

3/3

[三月三日]

女友達とひな祭りパーティーを

ひな祭りの起源は、古代中国の3月3日に水辺で禊《みそぎ》を行う上巳《じょうし》という行事といわれます。これが日本に伝わり、人形を川に流して厄を祓う風習や、平安貴族の子女の「ひいな遊び」と呼ばれる人形遊びと結びつき、やがてひな人形や魔除けの桃の花を飾って女の子の健やかな成長を祈る行事に。大人のひな祭りは、女性同士でちらしずしやハマグリのお吸い物、菱餅にひなあられ、甘酒などを持ち寄って楽しんではいかがでしょうか。

3/4

［三月四日］

よもぎの若葉を草餅に

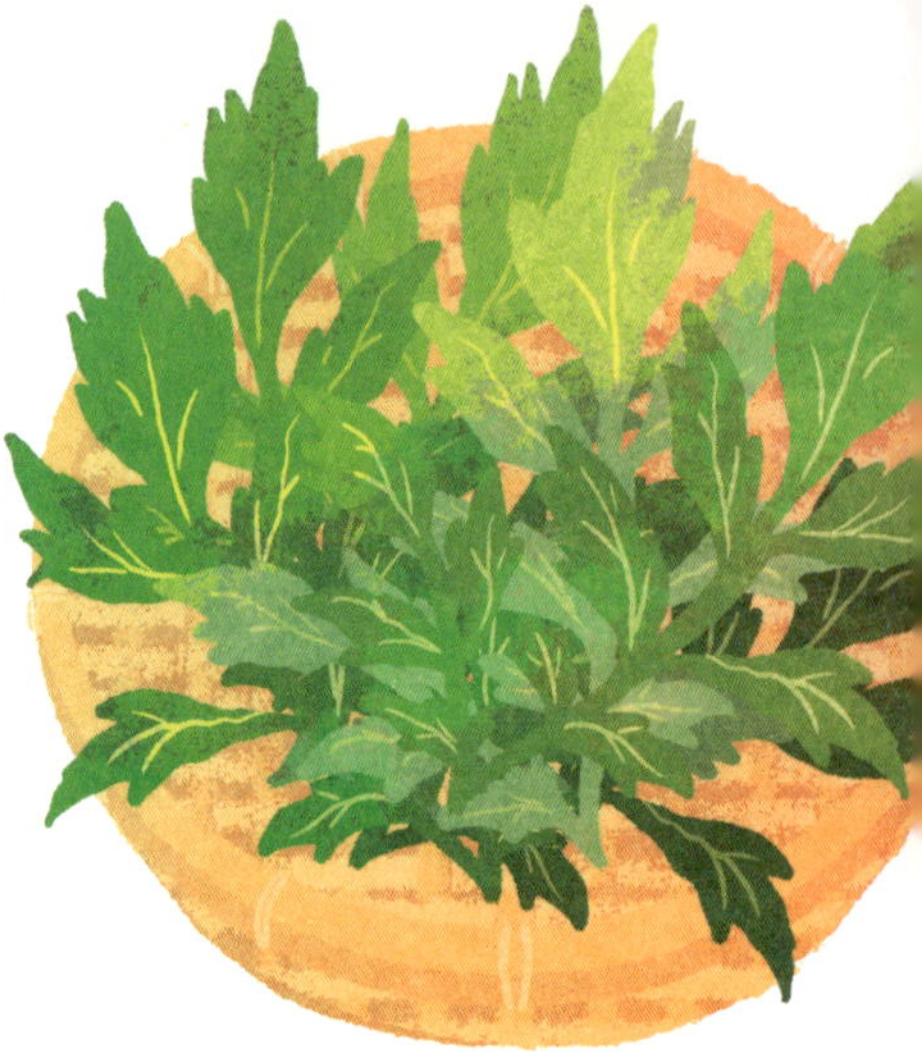

日本ではよもぎはなじみ深い野草です。葉の特徴は、深い切れ込みがたくさんあることと、葉の裏面に白い産毛が密に生えていること。この産毛はお灸のモグサの材料になるのですが、製菓に使う場合は若葉全体をゆでて、すり鉢などでつぶして緑色のペーストにします。これを上新粉にまぜて蒸すと、香り高い草餅に。

3/5

［三月五日］

懐紙をバッグに忍ばせて

懐紙とは、着物の懐に入れて持ち歩く二つ折りの和紙のこと。茶席では、お菓子の敷き紙にしたり、茶碗をふいたりするための必携品です。茶席以外でも懐紙はあると便利なもの。メモ帳や一筆箋のように使ったり、ポチ袋としてお金を包んだり、重宝しますから、懐紙入れをバッグに常備しています。

3/6

［三月六日］

和菓子を美しくいただく

和菓子は、太く平たい楊枝のような「黒文字」が添えられている場合は、黒文字で一口大に切って、刺して口に運びましょう。黒文字が添えられていないお菓子は手で食べます。薄い麩焼きのお煎餅など、大きめの干菓子は一口大に手で割っていただきます。とり分ける場合は、懐紙にとって。

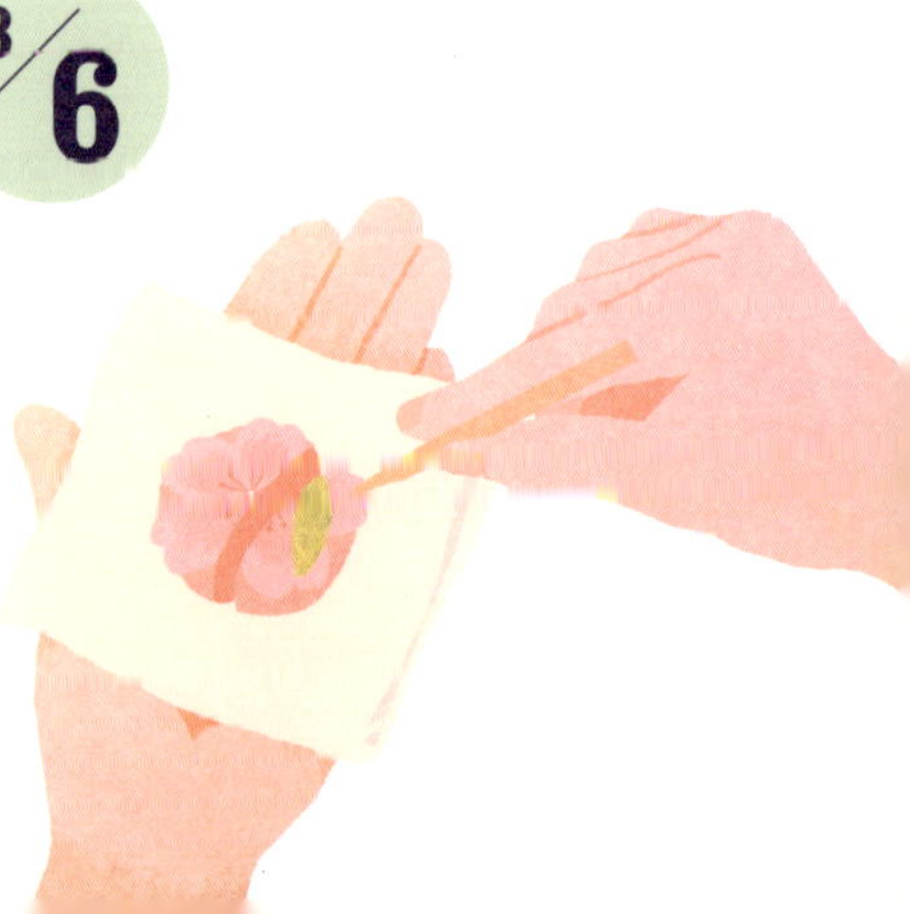

3/7 ［三月七日］

春の貝を酢味噌和えに

ひな祭りに欠かせないはまぐりをはじめ、あさり、赤貝など、春から夏に産卵期を迎える貝類は、栄養を蓄えている今が旬。冷暗所でしっかりと砂出しをした貝をさっとゆで、身をとり出して、春にしか味わえないとりたてのわかめ、貝のゆで汁を使った酢味噌と和えれば、春の海の豊かさを味わう一品に。

3/8 ［三月八日］

国際女性デーにミモザを飾る

20世紀はじめ、参政権など女性の権利拡大を求める運動が世界各地に広がり、その後3月8日が国際的な連帯を示す「国際女性デー」となりました。ミモザはそのシンボル的な存在です。私もこの日はさりげなくミモザを飾り、差別と闘った女性たちに思いをめぐらせます。

3/9 ［三月九日］

お花見の食事の予約は早めに

「今年は眺めのいいレストランかカフェでお花見を」と考えているなら、急いで予約を。眺めがよい席は、開花の時期には早くから予約でいっぱいです。行きたいお店があるなら、お花見の予定日を決める前に予約可能な日時を確認してみては。

3/10 [三月十日]

和三盆の干菓子で春を愛でる

語呂合わせで「砂糖の日」とされる日。江戸時代後期に「和三盆」を開発した香川県や、その隣の徳島県は、国内で数少ない砂糖の名産地です。和三盆の干菓子は季節のモチーフをかたどったものが多く、春は蝶や桜、貝などの愛らしい形が。仏壇のお供えにも最適です。

3/11 [三月十一日]

桃のつぼみを愛でつつ野点《のだて》で一服

七十二候の「桃始笑《ももはじめてわらう》」の時期。「笑」は「咲」を意味します。桃は桜より少し早く開花するので、すでにつぼみは桃色に。暖かな日はそんな木々の変化を愛でながら、抹茶をいただく野点ピクニックへ。携帯しやすくおしゃれな野点セットも販売されています。春の干菓子をぜひ添えて。

3/12 [三月十二日]

「修二会《しゅにえ》」にならい内面を見つめる

奈良の東大寺《とうだいじ》二月堂《にがつどう》では3月1日から14日まで「修二会」という行事が行われます。12日深夜の「お水取り」という行法がとくに有名で、通称にもなっていますが、修二会の正式名称は「十一面《じゅういちめん》悔過《けか》法要」。二月堂の本尊である十一面観世音菩薩に行者が自分が犯した過ちを懺悔し、その功徳で国家安泰などを祈る法要なのです。修二会にならい、自分の行いを振り返る日に。

3/13 [三月十三日]

「サンドイッチの日」に卵サンドを

数字の1が3に挟まれている3月13日は「サンドイッチの日」。サンドイッチは18世紀にイギリスのサンドイッチ伯爵が、カード遊びの間につまんでいたのが名の由来とも。春は色合いも可愛い卵サンドをお弁当に。卵サンドの具は卵焼きやスライスしたゆで卵などのバリエーションがありますが、わが家では、祖母がよく作ってくれた、ゆで卵を粗くつぶしマヨネーズで和えたエッグサラダのサンドが今も定番です。

3/14 [三月十四日]

ホワイトデーのお菓子は春らしいラッピングで

ホワイトデーの贈り物やお返しは、もらった方が気を使わなくていい簡単なものと決めています。手頃な個包装のチョコレートやキャンディーを買って、春らしい色合いの小袋に詰め合わせ、リボンや小さな造花で飾ります。大判の千代紙で包み、カラフルな組紐をあしらい和風にすることも。ひと手間で、「いつもありがとう」の気持ちが伝わります。

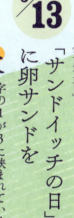

3/15 蝶を探しに散歩に出る

［三月十五日］

二十四節気では「啓蟄《けいちつ》」といい、土の中の虫たちが動き始める時期です。冬の間は枯れ葉のふりをしていたムラサキシジミやキタテハなどは動きだし、さなぎの姿で冬を越したモンシロチョウなどは成虫になる時を迎えます。晴天の午後は活動を再開した蝶たちを探しに出かけましょう。

3/16 つくしの苦みを味わう

［三月十六日］

つくしは桜の開花の半月ほど前、土手や田のあぜ道ににょきにょきと生えてきます。子どもの頃は弟と摘みとったつくしを祖母に届け、あくを抜いてきんぴらなどにしてもらいました。天ぷらにするなら、あく抜きも不要。胞子をもつ穂先の苦みは、春の野の生命力の味わいです。

3/17 「ぼたもち」と「おはぎ」の違いを知る

［三月十七日］

「ぼたもち」と「おはぎ」はどちらも蒸したもち米をあんこで包んだお菓子です。一説には春は牡丹の花にちなみ「ぼたもち」と呼び、形も大輪の牡丹のように丸々と大ぶりにしたとか。一方、秋は萩の花にちなみ「おはぎ」と呼び、萩の花のように細長く小ぶりの俵形に。この時期は地域や店によって異なる形や味を楽しみます。

3/18

［三月十八日］

彼岸入りにお墓参りへ

春分・秋分を中心とする七日間をお彼岸といい、初日を「彼岸入り」といいます。お彼岸は日本独自の仏教行事ですが、豊作を祈ったり恵みに感謝したりする農耕儀礼の意味もあるとか。彼岸入りには家のお墓を掃除し、花や線香、春はぼたもち、秋はおはぎを供えてお参りします。過ごしやすい春の日、ご先祖をしのんで家族とのんびり語らう日に。

3/19

［三月十九日］

朧《おぼろ》月夜の情緒にひたる

薄い雲に覆われ、輪郭のあいまいな月がぼんやりと光っている春の夜を「朧月夜」といいます。唱歌『朧月夜』では、菜の花畑が広がる、農村の春のおだやかな夕暮れが朧月夜に変わる様子が歌われていましたね。都会でも朧月夜には、「春愁」という言葉がふさわしい情緒があります。春の夜は、空を見上げて朧な月を探してみては。

3/20

寒の戻りには春のブローチをストールに

［三月二十日］

「暑さ寒さも彼岸まで」といいますが、彼岸を過ぎても寒さがぶり返す「寒の戻り」はよくあること。でも、厚手のコートには遅い時期。そんなときは春服に厚手のストールを羽織り、花や蝶など春のモチーフのブローチで留めます。寒さをしっかり防ぎつつ、軽やかで春らしさを感じさせる装いに。

3/21

春分の日は日光浴を

［三月二十一日］

春分の日は例年3月20日か21日。夏至に向け、昼の時間が長くなっていきます。明るい日射しの中にいると、幸福を感じるために必要な物質「セロトニン」の生成が促されるとか。日光浴は骨を強くするビタミンDの合成も助けます。縁側や窓辺での日に当たりながらのおしゃべりは、幸福と健康への近道ですね。

3/22

ハクモクレンとコブシを見分ける

[三月二十二日]

この時期、ハクモクレンとコブシがよく似た白い花を咲かせます。見分けるポイントはガク片です。ハクモクレンはガク片も白く、花弁が9枚あるように見えます。一方、コブシのガク片の色は緑です。また、コブシは開花しきると花弁がぺろんと外側に倒れますが、ハクモクレンの花が開ききることはありません。

3/23

スズメの夫婦の巣作りを見守る

[三月二十三日]

多くの地域でスズメが繁殖期を迎えています。ペアになったスズメは建物のすきまなどに巣を作ります。スズメも減ってきている時代です。スズメの巣作りを見かけたら、温かく見守って。

3/24

お世話になったお礼に刺繍入りのハンカチを贈る

[三月二十四日]

3月は別れの季節。引っ越しなどで会えなくなる方に私がよく贈るのが、刺繍入りのハンカチ。相手のイニシャルなどを入れてオーダーします。小さな刺繍に感謝と尊敬の気持ちを込めて。

3/25

春キャベツをアンチョビソースで

［三月二十五日］

春キャベツが出回り始めています。秋に種を蒔き、春に収穫される春キャベツは、冬キャベツに比べて葉の緑色が鮮やかで、食感はやわらかです。この時期によくいただくのが、アンチョビソースをかけた蒸し焼き。ざっくり大きく切った春キャベツにアンチョビソースをかけ、フライパンで蒸し焼きに。簡単ですが、キャベツの甘みを存分に味わえる、春のごちそうです。

3/26

新玉ねぎを和風マリネに

［三月二十六日］

春先に出回る新玉ねぎは、ほかの時期のものよりも水分を多く含んでいます。そのため食感がやわらかく、生食に向いています。私のおすすめはスライスした新玉ねぎにかつお節とポン酢をかけた和風マリネ。独特の辛みを抑えるため、生食にする場合は酢水に5分ほどさらしてから器に盛りつけます。

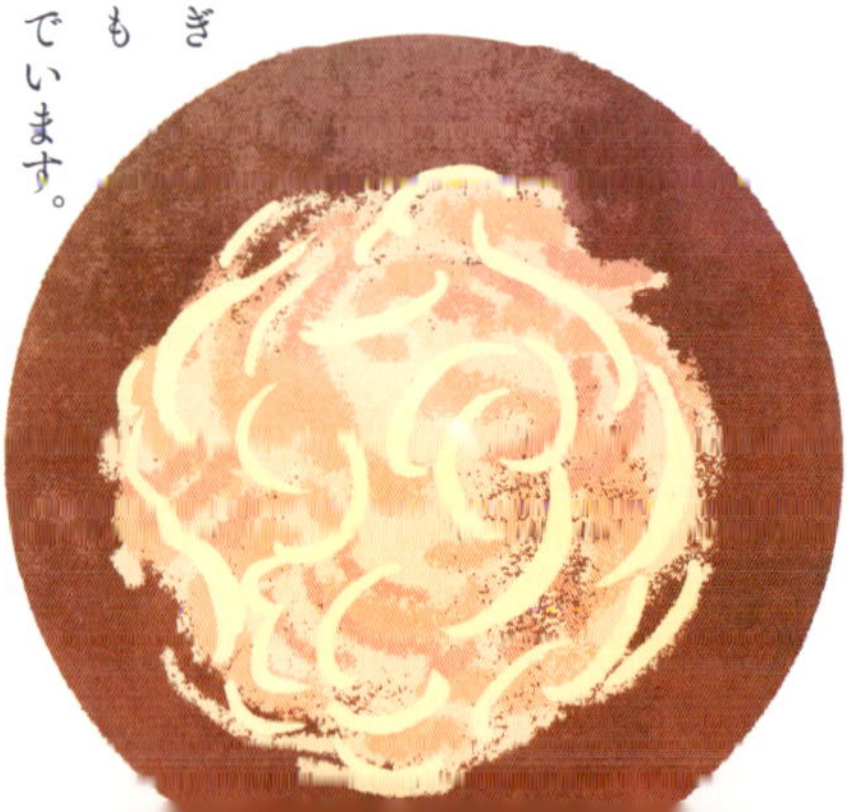

3/27

［三月二十七日］

「利休忌《りきゅうき》」に朧《おぼろ》饅頭を

茶道の表千家ではこの日、安土桃山時代の茶人・千利休《せんのりきゅう》をしのぶ「利休忌」の行事を行います。お供えのお菓子、朧饅頭は、饅頭の薄皮をとり除いたもの。朧月を思わせる独特の質感です。利休の美意識への敬意を込め、朧饅頭をいただきましょう。

3/28

［三月二十八日］

厚手のニットを片づける

暖かくなって着る機会がなくなってきた冬用の厚手のニットをそろそろ片づけたいですね。しまう前にはクリーニングに出すか、手洗いでのお洗濯を。汚れがついたまま片づけてしまうと、虫食いやカビの原因になります。急に寒くなる日もあるのでコートは少し待ってみましょう。

3/29

［三月二十九日］

送別に手作りのアルバムを

転勤などで遠くに移る友人や親しい同僚には、思い出の写真をまとめた手作りアルバムを贈ってはいかがでしょうか。今後もSNSなどで交流は続くはずですが、手でめくって楽しめるアルバムには、リアルな交流にも似たぬくもりがあります。

3/30

「ちょっといい」ノートで新年度にのぞむ

［三月三十日］

3月末には毎年、「ちょっといい」ノートを新調し、すがすがしい気持ちで新年度を迎えます。打ち合わせ用には、レザーカバーつきの厚めのものを。相手に敬意を表しつつ、自分の気持ちも引き締めることができます。デジタル時代だからこそ、文房具はきちんとした印象のものを選びたいものです。

3/31

カラーインクで万年筆を楽しむ

［三月三十一日］

「ちょっといいノート」とともに持ちたいのが万年筆。改まった場や書類には万年筆を使うのがマナーであり、持ったときの見た目も美しいもの。私は目上の方への手紙を書くときや、打ち合わせで人の言葉を書き留めるときも万年筆を使います。近年は個性的なカラーインクが増えているので、カジュアルな万年筆をカラーインク用に何本か揃え、使い分けを楽しんでいる人も。書く意欲がさらに高まりそうですね。

おわりに

『「和の暮らし」を楽しむ 旧家の歳時記366』をお読みいただき、ありがとうございます。

本書は、私が祖母から受け継いだ「和の心」とともに、四季折々の日本の豊かな自然や文化に根ざした生活の知恵を、皆様にお伝えすることができたらという思いで制作いたしました。

祖母が教えてくれた数々の「和の心」は、日常生活の豊かさだけではなく、日本の精神文化そのものを映し出しているように思います。

たとえば、「こんにちは」「こんばんは」といった日本の挨拶には、「今日はご機嫌いかがですか?」「無事に一日を過ごし、いい晩を迎えられましたね」と、たった一言の中に相手を思いやり、祝福する言葉が含まれています。「いただきます」には、命をつないでくれた動植物への敬意、農作物を作る人、運ぶ人、調理する人など、関わる人すべてへの感謝の気持ちが込められています。

　また、日本の文化は、「調和」を重んじ、他者を尊重する思いやりと、礼儀を大切にする感性を持ち合わせてきました。今後、日本のさらなる国際化が進んだとき、私たちのアイデンティティを支えるのは、まぎれもなくその文化だと思っています。この本が、お読みいただいた皆様が「調和」の精神をもって、多様性を受け入れながら、持続可能な社会を創り上げるための一助になることを、願っております。

　最後に、この本の制作にあたり、多大なるお力添えをいただきましたスタッフの皆様、関係者の皆様に心深く御礼申し上げます。

　そして、「和の心」をつないでくれた祖母、支えてくれる家族に感謝を込めて。

齊木由香

齊木由香
Yuka Saiki

和文化研究家、日本検定協会代表理事、日本近代礼法教授。1982年鹿児島県伊佐市の酒蔵を営む旧家に生まれる。日本文化に精通する祖母のもと、幼少期より着物を日常的に身に着け、四季折々の伝統行事やしきたりを実際に体験しながら育つ。現在は和文化研究家として、日本の文化であるもてなしの心・所作を現代に伝える取り組みを行っている。2024年に文化庁後援事業「日本検定（英名：Japan Quest)」を立ち上げ、若い世代や海外に日本文化の正しい知識を発信するプラットフォームをスタート。

ブックデザイン／細山田光宣＋奥山志乃（細山田デザイン事務所）
イラスト／くぼあやこ、高田理香、津村仁美、宮下和
文／長野伸江
DTP／松田修尚（主婦の友社）
編集担当／野崎さゆり（主婦の友社）

「和《わ》の暮《く》らし」を楽《たの》しむ
旧家《きゅうか》の歳時記《さいじき》366

2024年12月31日　第1刷発行

著者　齊木由香《さいきゆか》
発行者　大宮敏靖
発行所　株式会社主婦の友社
〒141-0021
東京都品川区上大崎3-1-1 目黒セントラルスクエア
電話03-5280-7537（内容・不良品等のお問い合わせ）
049-259-1236（販売）
印刷所　大日本印刷株式会社
　ISBN 978-4-07-460405-0

■本のご注文は、お近くの書店または主婦の友社コールセンター（電話0120-916-892）まで。
＊お問い合わせ受付時間　月～金（祝日を除く）　10:00～16:00
＊個人のお客さまからのよくある質問のご案内　https://shufunotomo.co.jp/faq/

※歴史や由来、名称などには諸説ある場合があります。
※行事やしきたりは、地域によって内容や行われる日程が異なる場合があります。
※花の開花時期、農作物の収穫時期などは、地域によって異なる場合があります。